居酒屋チェーン 奥志摩グループ
代表取締役
中村文也

あほな奴ほどだまされる

みんな！幸せと仲良くなろうよ。

Okushima Group co.,ltd.

はじめに

この本を手に取ってくださった皆様、ありがとうございます。

ここに書かれているのは、４年ほど前から1日も休まず、僕が毎朝、思い付いたことを文章にし、最初は個人的にメールで知人に届けていたものです。

素人ながら名古屋で居酒屋をはじめて今日まで続けてこれた理由、そして、僕自身が毎日を幸せに過ごしてこれた理由が、書かれています。

それが口コミで広がり、同じものをフェイスブックでも公開するようになると、さらにその輪が広がり、現在約1万人を超える方々に毎日読んでいただいています。

今回、僕が経営する居酒屋【奥志摩】が30周年を迎えることを記念して、友人達の協力によって1冊の本にまとめることになりました。

これからよりたくさんの方に読んでいただけると思うと、とても嬉しく思います。

人には、それぞれ使命があると、僕は常々思っています。

僕の使命は、居酒屋を経営し、美味しいものや充実した時間を提供し、よりたくさんの方に喜んでいただくこと。

それに加えて、僕の思いや経験、考えを人に伝えていくことで、困った人や、悲しみを抱えて生きている人達の、微力ながら力や支えになること。

約4年間の、たくさんの方々との出会い、交流の中で、

「ふみやさんの言葉で元気になれたよ！」

「ふみやさんの考え方で彼氏が出来たよ！」

「プラス思考で病気が治ったよ！」

「毎朝、超ポジティブな気持ちになれるよ！」

「考え方が変わってきたよ！」

「本当に助かっているよ！」

「ふみやさんの言うことをやったら本当に奇跡が起こったよ！」

「私の人生を１８０度変えてくれてありがとう！」

「今、自殺しようと考えてたのに、このブログを読んでたらバカバカしくなってきたよ！」と言っていただけることがありました。

それは、僕にとって何よりの喜びでした。

だからこれを使命と信じて、たくさんの方々に言葉を届けたいのです。


人はもっともっと、幸せに生きられる。成功を掴むことが出来る。

すべての人が幸せに、毎日楽しく生きていけますように。

そう願いながら、心を込めて作った本です。

何かに迷った時、好きなページを開いてみてください。

今の貴方に必要な何かが、見付かるかもしれませんよ。

目次

あほな奴ほど成功する

人に親切に楽しく幸せに、顔晴っていきましょう！

1 初心忘れるべからず

僕が店をはじめてもうすぐ30周年を迎えます。料理のことも何も知らなかったけど、25歳の時に奥志摩一号店をオープンしました。当時、「居酒屋は料理よりも接客だ！」と思って開業したのを覚えています。

開店してすぐにお客様から、「奥志摩という店名を付けているのならもっと旨い魚を置け！」なんて言われると、すかさず「何を置けばいいですか？」と聞きかえし、次の日にはお客様に言われたものを仕入れていました。また料理のこともあまり知らなかったので、お客様に、「旨い料理何かないですか？ 作り方を教えてください」

なんて聞いて、それを参考にしてメニューを増やしていきました。

また、日曜日には毎回どこかの飲食店に行って、自分が食べて旨いものがあると、「これどうやって作るの？」と聞いて、教わりました。

正直、今、その当時を思い出すとゾッとします。よくそんなんで商売が出来たなぁと。

皆さんだったらそんな店に行きたくないでしょ？

でもそんな僕の店が、当時めちゃめちゃ流行ったんです。

料理よりも接客、という持論を持っていた僕は、面白い会話をすることを心がけ、お客様を笑わせたり、お客様の相談を聞いたりして、いわゆるスナックのような接客をしていました。

当時は若かったし、必死だったから出来たんでしょうね。

とにかく素直に、お客様を喜ばせたいと思う気持ちは、誰よりも強かったと思います。商売って本当にわかりませんね。

凄腕の板前さんが店をはじめてもうまくいかなかったりするのに、何も知らなか

人に親切に楽しく幸せに、顔晴っていきましょう！

った若造が、うまくスタートがきれることもある。本当にわかりません。
ただ、本気で、「お客様を喜ばす！　必ず喜んで帰ってもらう！」
この一心で、真剣にやらなければなりません。真剣に、真剣にです。
あの気持ちだけは忘れず、これからも進んでいきたいものです。

2

商売人の道

手羽先の山ちゃんの横に手羽先専門店を作る。
やぶ屋さんの横にトンちゃん屋を作る。
鳥貴族の横に280円居酒屋を作る。
流行っている昼の定食を見て同じことを隣でやる。
必ず、元々の店の売り上げは減ります。
これって商売人ですか？　相手のイヤがることをして。
たしかに店の経営は成り立ちます。隣に作った方が有利に進めやすいです。
しかしそんな経営者の店で、心のある接客が出来るのでしょうか？
「接客なんてどうでもいい。俺は飲食店だ。どこが悪い」
なんて言われるかもしれません。

そういう方は、目指すものが違うのでしょう。

しかし僕はそこで働くスタッフは可哀想に思います。

我々は仕事を通して人間的にも成長しようとしているのに、相手にイヤな思いをさせて商売を考えるのはいかがなものでしょう。

やられた方は「わざわざ俺の隣でこの野郎！　ケンカ売っとんかよ！　てめえ、覚えておけ！」なんて思う訳です。

こう思われる波動が一番悪いのです。

人間、誰でも良心があります。良いか悪いかを判断する力です。

どんな人でも少しは心の中で後ろめたい気持ちがあるのです。

これがダメなんです。悪いとわかっているのにやることがダメなんです。

そんな人は一時的には成功しても必ずうまくいかなくなります。

それが商売人の道。

商売人とはより多くの周りの人に喜んでいただき、自分にも適切な利益を出す。

人に親切に楽しく幸せに、顔晴っていきましょう！

決して人を泣かせてはならない。人にイヤな思いをさせてはいけないのです。
これは飲食店に限らず、どんな商売でも同じです。
どうか考え方を変えてください。
人に喜ばれることを考えてください。
商売人である前に一人の人間であることを自覚したいものです。

3

また行きたいと思う店に

この前、ふらふらっと一人で焼とり屋さんに入りました。

以前知人が「この店はかなり旨い」と言っていた評判の店でした。

カウンター8席の狭い店でしたが、奥に常連のような二人組がいて、マスターと楽しそうに話していましたがお腹がふくれたのかすぐに帰りました。

店に残されたのは僕とマスターとバイト風の30歳くらいの女性だけ。

何となく気まずい空気が漂います。僕がマスターならお客様に話かけていたでしょう。

「近所の方ですか？」「雨の中ありがとうございます」「うちはキモがおすすめですよ！」「ドラゴンズ、最近強いですね」など。

しかし、とうとう最後まで一言もありませんでした。

もちろん帰りは「ありがとうございました！」と大きな声で言ってくれましたが、どうしても、また来たいなぁとは思えませんでした。


飲食店って料理を売っているだけじゃないんです。

サービス、雰囲気、空間、いろんなものを売っているのです。

焼とりが旨かろうが、そんな雰囲気で食べた僕は、味なんか覚えていないのです。

あの時、話かけられていたとしたら、また行ったかもしれません。

でも、もうあの焼とり屋には行かないでしょう。

店はしゃべった量だけお客様は増える。改めて実感しました。

もし、接客したくなかったら、超激安でしかもかなり美味しいものを出せばいい。

以前僕がよく行っていたお店は、おじいさんとおばあさんがやっていたのですが、そのおばあさんがめちゃ口が悪い。

ビールが残っていても「あんたらもう食べないんなら帰って！　残ってるビール

は外で飲んで！　お客さん待ってるから！」なんて言うのです。

しかしめちゃ美味しく、めちゃ安い。その感じ悪さもなんか可愛く思えたものでした。

いずれにしろ、これからも「また行きたい！　必ず友達を紹介したい！」

そう思っていただける店作りに、真剣に取り組んでいきたいものです。

4

あほな奴ほど成功する

僕の友達の半分以上は成功者です。

その人達と、一般の人達との違いがわかってきました。

彼らはとても「素直」です。

人から何かを教えてもらう時、聴き手は、常に素直であることが必要です。

経営者に限らず、自分が向上する為に、素直さが一番大切なんです。

素直じゃなかったら、頭に入らないし、腹に落ちませんよね。

相手だって気をつかいながら教えてくださっています。

もしかしたら叱りたいところを、言い方を考え教えてくださっているのかもしれません。

いつでも素直に、ありがたく聴きたいものですね。

そして、本当にいいと思ったことは、すぐにやってみるのが成功者なのです。

一般の人達は、いいと思っても行動しないか、いいと感じることすらない。

だから成功者にはなれないのです。

成功者は子どものような素直な心を持ち、遊びも人も大好きで、そのくせ根拠のない自信がある！

自分の言ったことが間違っていても、言ったことすら忘れてとにかく前に進む！


褒められるのがとくに大好き！

成功者の特徴ですね。

そして僕はこの人達に、敬意を込めて「あほ」と言っています。

しかも成功者達は、そんなことに気が付いてない、あほなのです！

でも、あほな奴ほど成功する。幸せになれる。

その理由は、「素直」だからなんです。

ちょっとしたことで幸せを感じることが出来るし、そんなポジティブさに、人も、成功も、集まってくるのですね。

あほな奴ほど成功するとは、「素直な奴ほど幸せになれる」なのです。

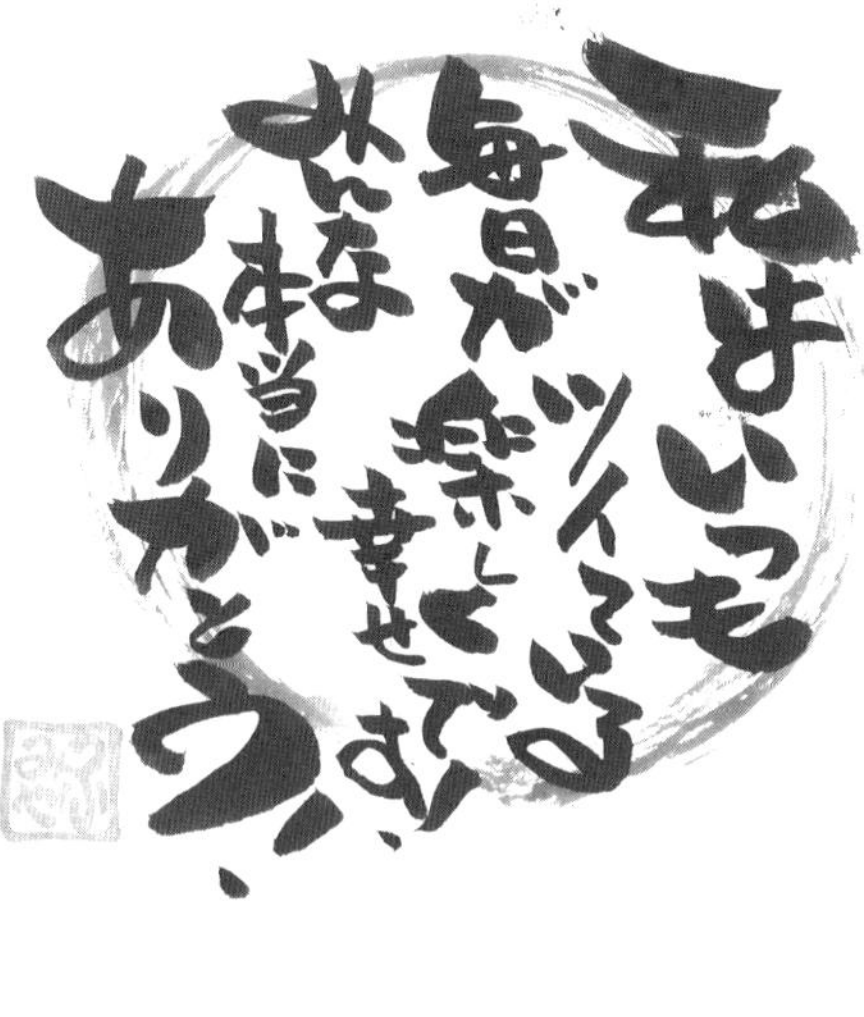

5

ふさわしい人間になる

ある社長が言っていました。

事業をはじめたころ、よく東急ホテルのラウンジで一人でコーヒーを飲んでいた。

わざわざ1杯1000円くらいのコーヒーを飲みに行く。

コーヒーを飲みたいから行くのではなく、雰囲気を味わいに行くのだ、と。

ホテルのラウンジといえば、いかにもお金持ちそうな人が待ち合わせに使ったり、商談に使ったりします。スタッフの接客も、ホテルらしく上品で洗練されています。

そこで、まだ事業を起こしたばかりのお金のない青年がコーヒーを飲む訳です。

「俺は必ずビッグになる！　俺はこのホテルのラウンジにふさわしい人間だ！　俺も必ずここで、近々商談するのだ」と、一人で想像するのです。

これ、めちゃめちゃ利き目ありますよ。

先に想像していい気分に浸る。まだ起きてもないことをありありと描き、喜ぶ。

実は僕も若いころやりました。

お金がないのに、たまにグリーン車に乗り、お金持ち気分を味わう。

そして「いつもグリーン車に乗れるような男になるぞ！」と奮起する。

旅行や出張の時は、ビジネスホテルじゃなく、その町の一番いいホテルに泊まり、「俺はこのホテルにふさわしい人間だ！」なんて潜在意識に叩き込むのです。

ポイントは、「今お金がなくても必ずふさわしい人間になるんだ」って、真剣に思い込むことです。

ただ、これは本音の部分に作用するので、

「もったいないなぁ」と思う人には効果がないのでやめた方がいいですよ。

本当にいい気分になれる人は、イメージは必ず現実になり、もったいないと思う人にとってはただの空想で終わるでしょう。

この法則、成功者は自然に、無意識に使っているのです。

6

6秒で決まる

初めて行く居酒屋は、来て良かったか、来なければ良かったか、玄関を開けてから、たった6秒で決まる。

皆さんも経験あると思います。

初めて入る店で、玄関を開けたとたん、威勢のいい「いらっしゃい」とか、「いらっしゃいませ！　2名様こちらへどうぞ！」「寒いのにわざわざありがとうございます」や、「雨の中、本当にありがとうございます」なんて声がかかる、入った瞬間から気分が良くなる、笑顔たっぷりの店ってありますよね。

もうこの時点で、「あぁこの店に入って良かったぁ！」なんて思うのではないでしょうか。

それと反対に、自分に気が付いたにも関わらず、「いらっしゃいませ」も言わない。また、「いらっしゃいませ」は言ったけどその後の言葉がなく、玄関で待たされ、どうしていいかわからず、その数秒が凄く長く感じること。

また、笑顔もなく淡々と席まで案内されることもあると思います。

そんな時は「しまった！　こんな店に入らなかったら良かった」なんて思いませんか？

だからこの６秒に気持ちを込めるように、スタッフに話しています。


しかし、本当はこれって普段からの心がけだけなんです。

テクニックじゃないんです。

こんなにたくさんの居酒屋さんがある中で、わざわざ自分の店を選んで来てくれた。

お客様にしてみれば、別にこの店じゃなくても良かったかもしれません。

それをわざわざ当店に来てくれたのです。ありがたい！　ありがたいです。


人に親切に楽しく幸せに、顔晴っていきましょう！

普段からそんな気持ちがあれば、自然と素敵なお迎えが出来るはずです。

お恥ずかしい話ですが、当社でも、まだまだ出来ていない店があります。まだまだ心の伴ってない店があります。

もう一度初心に返り、「選んでいただいただけでありがたいのだ」を心に刻み、自然と、素敵な6秒になるよう努めたいものです。

我がスタッフの皆さん！　一緒に心を磨いていきましょうね。

7

一人で来てくださるお客様

30年前、まだ1店舗で頑張っていた時、とにかく一人で来てくれるお客様を大切にしようと考えていました。

皆さん、一人で飲みたい時ってないですか？

そんな時、必ず行きたい店がうちの【奥志摩】であってほしいと思っていました。

「何故一人で来てくれたのか？」を考えてみると、ほとんどの人は誰かと話をしたいからだとわかります。

酒好きの飲みたいだけの人なら、家で飲むなり、立呑屋や、もっと酒の安い店を選ぶでしょう。

みんながフレンドリーでアットホームな雰囲気で、うちに来ると必ず誰か知り合いと会える。僕達スタッフにも会いに来てくれる。

一人のお客様にとって、そういう店でありたい。

だからはじめて一人で来てくださったお客様でもすぐ仲間に入れるように、積極的に声をかけ、接客にも力を入れたものでした。


一人で来てくださるお客様を大切にする。

僕は今でも、居酒屋の基本はこれだと思っています。

これがあったからこそ、今こんなにも支持していただけるのだと思っています。

効率が悪いのを理由に一人のお客様を断る店もあります。

それをとやかく言うつもりはありませんが、うちは違います。

一人のお客様を大切にしたいと思ってやってきたから、30年もやらせていただけていると思っています。

常連さん一人ひとりのお客様方のおかげで、当社が成り立っていることを、今更ながら感謝したいと思います。

これが当社の、人情ややさしさ、思いやりと同じように、何年たっても変わってはいけないことなんです。

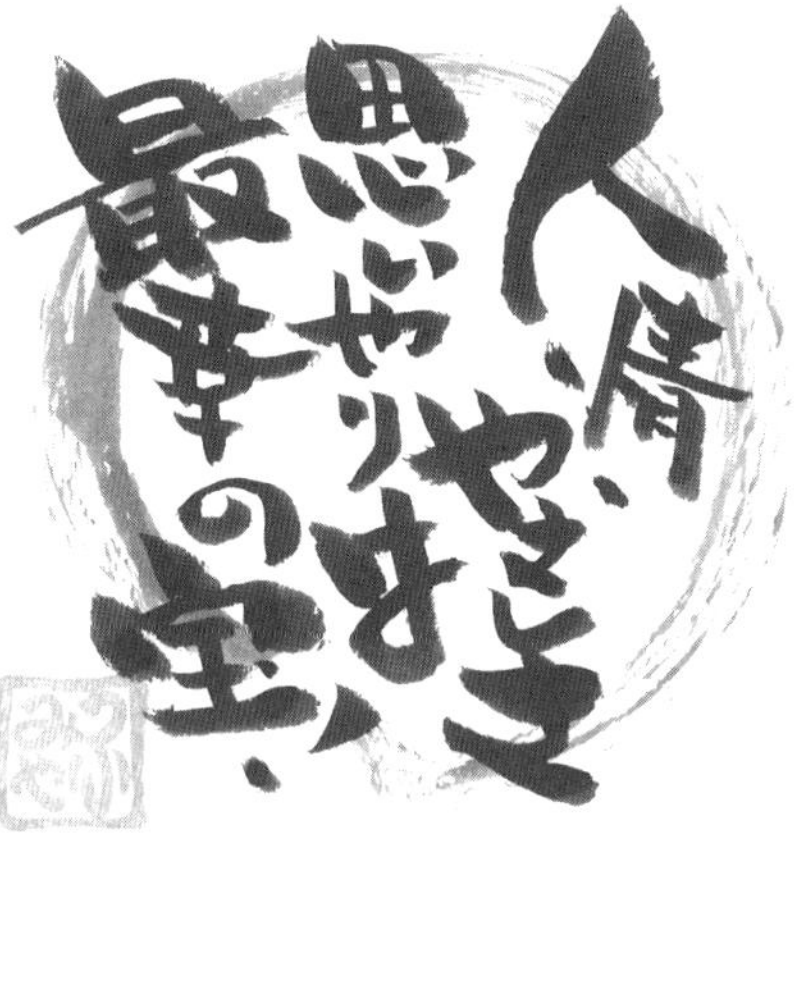

8

粋なお客様に助けられて

ガラガラっと入り口の戸が開き、２人のお客様が入ってきました。

「すいません！　せっかく来てくださったんですがあいにくいっぱいなんです」

と言うと、どこからかお客様が「マスター、チェックして〜」との声。

そのタイミングに、新しく入ってきたお客様に席を譲ってくださったのだとわかるので、「ありがとうございます！　気を遣っていただきまして」なんて言うと、

「いいよ！　いいよ！」って。

また、入り口で待っていたお客様も、出てきたお客様に頭を下げながら、

「ありがとうございます」ってお礼を言っていました。

自分達の為に席を譲ってくれたと察してのことでしょう。

これって、どちらのお客様も格好いいし、粋ですよね。

こんな光景が、以前はもっとたくさん見られました。

ある時、別のお店で「ふみやさん、この前はありがとうございました」と言われ、「何だったっけ?」って答えると、

「この前、気を遣ってお席を譲っていただきまして!」と言われたのです。

そんなこととっくに忘れていたのですが、メチャクチャ嬉しいですね。

もう常連さんになった気分ですよね。

僕はうちの粋なお客様達に、若造の時から育てられてきたので、自分もよその店に行くと必ず、それを心がけているのです。

「俺はお客だ! 何故そんなことまで気を遣わないかんのだ。バカじゃないのか」

と、そう思う方は、それでいいと思います。決して悪い訳ではありません。

ただ、譲ってもらった方はもちろん、譲った自分までいい気分になれて、みんながいい気分でいられるのは、いいことだなぁと思うのです。

人に親切に楽しく幸せに、顔晴っていきましょう!

9

自分が行きたい店作り

僕は、一人で自分の店に飲みに行くことがよくあります。

予定のない時に、自分の店にお客さんとして行くのです。

自分の店に、自分のおこづかいから、月におそらく5万円くらい使うと思います。

僕、自分の店が好きなんです。

自分の店が、自分が行きたいと思う店なんです。

この話をすると、よく、「社員の人達イヤがらない？」って聞かれます。

でも、多少の緊張はすると思いますが、案外喜んでくれているようです。

「社長！たまにはうちの店にも来てくださいよ！　ガンバっている姿を見て、褒めてくださいよ～」

なんて言う子もいます。

経営している自分が、自分の店を好きでなければ、
その店はうまくいかないし、流行りませんよね。
堂々と、自分の店に行きましょうよ！
堂々と、自分の店で飲みましょうよ！
自分でお金を払うと、お客様の気持ちがわかったり、料理の価値観までわかり、
勉強になりますよ。

自分が行きたい店作り。
僕は大切だと思います。

10

料理は心

とあるラーメン屋さんに行った時のこと。

「ネギはどこだ！」「早よやらんか！」「チャーシュー切っとけ！」「スープ混ぜたんか！」

マスターが60歳すぎのおばちゃんに怒鳴っていました。

よく見ると顔がそっくりなので、親子だろうと思いました。

店内は15人くらいお客様がいて、ほぼ満席の状態でした。

こんなに怒号が飛びかう店なのに流行っているので、よっぽど美味しいのだろうと思ったら、やっぱり美味しかったです。

しかし、このマスターがもっと気持ち良く、ルンルン気分でラーメンを作っていたら、もっと美味しいだろうなぁと思ったのです。

料理の味は、作り手の心で決まる、と思っています。

素人は「心は関係ない。ラーメンに魂などいらない」なんて思うかもしれません。

しかし、怒りながら作っていたらそれなりの味になるだけなんです。

完璧な味にはならないのです。

これは、さまざまな研究で明らかになっていることですが、料理の不思議な（僕は不思議とは思いませんが）ところです。

おそらくそのことをこのマスターは知らないと思います。

「怒っていようが、旨いラーメンを出せば文句ないだろう」

と思っているはずです。

しかし料理はそんなに甘くないのです。やっぱり心なんです！

このマスターが心を込めて作れば鬼に金棒です。

怒っていてこの味が出せるのだから、もっと旨いラーメンが作れるはずです。

そしてもう一つ、母親が一緒に働いてくれることへの感謝が足りません。
そんなマスターだったら、他人ならすぐ辞めてしまうでしょう。
母親が手伝ってくれるだけでありがたいと感謝するべきです。

僕も改めて、料理を作る時の心の持ち方、親に対する心を考えさせられました。
マスター、早く気付いて！
もっと美味しい最高のラーメン食べさせてくださいね！

11

天狗は、転げ落ちるのが早い

当社の社訓の一節に、

「人に喜んでもらうには、人間性を磨くこと」

という言葉があります。

我々経営者は、とくにそうですね。

立場が上になればなるほど、人間性を高めなくてはいけません。

もちろん、自分にも言い聞かせています。

ある社長さんの話です。

店舗はどんどん増えていったのですが、逆に友達がどんどん減ってしまったのです。

店舗が増えたり、売り上げが上がったりすると、経営者は天狗になってしまうことがあります。

自分は偉いんだ、なんて錯覚して、仲間の社長まで中傷することもあるのです。

自分まで見失ってしまっているのですね。

その結果、周りに誰もいなくなるのです。

人間性が磨かれていないのに天狗になっていると、転げ落ちるのが早いです。

友達がいないのに、成功なんてあり得ません！

常に、自分の人間性はまだまだ！

もっと謙虚に生きよう。

人を大切にしよう。

人に親切に生きよう。

と思い続けることが大切だと感じています。

とくに、社長、部長、課長、店長など、長たるもの、もう一度、自分自身を見つめなおして、人間性を磨く為に、行動していきたいものです。

12 悪銭身に付かず

悪いことをして得た利益は神様がちゃんと見ていて、いつかなくなってしまう。

実際にそんな人を何人か見たことがあります。

悪いことをして周りの人に憎まれながらお店をはじめた人がいました。

しかし5年が過ぎて借金も終わりかけたころ、大家さんから、「このビルを壊すから出て行ってください」と言われたそうです。

1年間粘ったけれど、結局出るはめになった。

5年間ですべての返済をしたのに、結局ほんの少しのお金しか残らなかった（契約上）。

返済も終わり、今から儲けようとしていたのに！

悔しくて悔しくて仕方がなかったに違いありません。

人に親切に楽しく幸せに、顔晴っていきましょう！

しかし皆さん、ここで考えてみてください。

悪いことをした人は必ず誰かに恨まれています。

恨まれるということで、マイナスの波動をいっぱいもらってしまうのです。

これが恐ろしいのです。

自分がいくら頑張っても、後ろから何かに足を引っ張られる。

見えないマイナスの波動に引っ張られるのです。

そして、運までも奪われてしまうのです。

絶対、人をイジメてはいけません。嫌われてもいけません。

それが人の道なのです。

人の道から外れず、人に親切にして、他人からプラスのエネルギーをいっぱいいいただき、自分の運までも倍増させていく生き方をするべきではないでしょうか。

神様はよく見ています。そして自分の心の中にも神様はいます。

もちろん他人の心の中にもいるのです。

他人から悪い波動をもらわない為にも、周りの人達を大切に、親切にしていきましょうね。

人から感謝していただける生き方を、常に心がけましょう。

13

ライバルじゃない

仕事には、さまざまな業界があります。

僕のような飲食業界や、車関係、ＩＴ関係、広告関係、繊維関係、住宅関係、あげればきりがありません。

その自分の働く業界を、どう思っていますか？

好きですか？　まさか嫌いじゃないですよね。

（もし嫌いなら、すぐに転職した方がいいですよ！）

その同じ業界の人達を「ライバル」だと考えると、うまくいかなくなることがあるのをご存知ですか？

同業他社をライバルだとして、他社が潰れていくのを喜ぶ。

そういう会社はいずれ、自社もうまくいかなくなります。

以前、ある人が僕に言いました。
「同じ飲食店同志で仲良くなれる訳がない！」
その人は、その後、自分の会社を潰しました。
同業他社は、ライバルじゃないのです。共に成長する仲間です。
相手の失敗、不幸を願えば、自分にも降りかかります。
相手の幸せを祈れば、自分も自然に良くなるのです。
それも、「法則」です。
他社に対して多少の嫉妬心を抱く気持ちは、わからなくもありません。
人間だから、多少は仕方ないでしょう。
貴方なら、どちらを選びますか？
嫉妬心も度を超すと相手の不幸を願うことになり、貴方にも降りかかります！
相手の幸せを願い、共に成長する。
どうかこの生き方、考え方で進んでください。みんなが幸せになる為に。

14

とんとん拍子に

物事がうまくいく時って、「とんとん拍子に」ことが進みます。

この、「とんとん拍子」というのは、「波動が合っている」ということです。

仕事で交渉するようなことがあっても、話し合いがスムーズに進み、すぐ契約に至ったり、何か新しい企画を立てた時でも、とても順調にうまくいくのです。


人とのつき合いでも同じようなことを感じることがあります。

恋愛でもそうだし、仕事上の付き合いでも友達でも同じですよね。

うまくいく時は、とにかく「とんとん拍子」なんです。


逆に、「何故かとんとん拍子にいかない。どうしてだろう？」

こんなこともありませんか?

これも、波動が教えてくれているのです。

「なんか知らんけどうまくいかないんだよな」

という時は、「それはやめておきなさい」って教えてくれているのです。

また、人との付き合いでも、いつも都合のいい日が噛み合わない人がいますよね。

「自分は空いていても、相手は予定がある」

「相手は空いているけれど、自分が都合が悪い」

これが3回続けば、まったく縁がないですね。

僕はいつも、2回続いたら、「この人とは縁がないな」と思っています。


世の中、すべて波動です。

ムリに波動に逆らっても、うまくはいきません。

川の流れと同じです。下流から上流には流れないように、うまくいかないものは、うまくいかない。

うまくいく時は「とんとん拍子」。これなんです。

自分の能力や感情ではなく、神様のアレンジかもしれませんが、神様の波動を感じとって、前に進んでいきたいものですね。

15 より多くの人に

商品やサービスを、すべての人に気に入っていただくのは、残念ながら不可能です。

もちろん、商売をする時は、より多くの人達を喜ばせようとみんな頑張っていますが。


たとえば、トヨタのハイエースは素晴らしい車です。

しかしヨーロッパでは、「ベンツより、音がうるさい」と言われることもあるようです。

アフリカでは「屋根が柔らかすぎて、荷物がたくさん積めない」と言われるそうです。

でも、こんなクレームをすべて聞き入れていたら、車なんて造れるはずがありません。

人はクレームの天才です。

自分のことだけを考えて、文句を言います。

たしかにクレームは、どんなこともまず「聞く」ことが大切です。

聞けることは聞く！

直せるところは直す！

謝らなければいけないことはすぐに謝る！

商売をするうえで、とても大切なことです。

ですが最近、あまりにも少数意見を気にする人が多いように感じます。

少数意見を気にしすぎて尻込みするのではなく、もっと自分に、自分の会社に、自信を持って前に進みましょう。


「より多くの人は何を一番望んでいるのだろう。それを叶えてあげたい」

自分のその気持ちにもっと自信を持って、大切にしましょう。

16

100人中99人にバカにされても

以前、当社にいたスタッフの話です。

彼は20歳くらいの時に一人でアメリカやメキシコに行き、現地で暮らしていました。

その時、メキシコを代表する料理のタコスにはまり、これを日本で、マクドナルドのように全国チェーンにしたいと考えました。

その資金を集める為に当社でバイトをして頑張っていたのです。


2年くらいが過ぎ、実家を改装して、タコスの店をオープン。

出前もしていたので、さっそく僕も配達をしてもらいました。

そしたら、食えたものじゃないのです。

僕は思わず、「これはウマくない！　こんなのマックに勝てる訳がない。こんなの出してたらお客様がリピートしないよ。最初からタコス自体、日本でウケないんじゃないの？」

と言ってしまったのを、今でも覚えています。

その時、アルバイトの人達も含め10人くらいで食べましたが、全員まずいと言ったのです。

でもここからが彼の偉いところで、99人にダメだと言われても自分一人は疑わず、必ずタコスは流行ると信じ、生地を改良し、味付けも考えました。

そしてある日「社長！　美味しいのが出来ました。一度店にも来てください！」

と電話がかかってきたので、すぐに店に行きました。

そしたら以前とはまったく違い、美味しいタコスになっているのです。

数種類の変わったこだわりのビールを置き、店も、カジュアル屋台ふうの造りでなかなかいい雰囲気でした。

それから何年かすると、彼は数十店舗を経営するようになったのです。

100人中99人にバカにされても、たった一人自分だけは信じて突き進む。

「お前、頭おかしいんじゃないの？」って言われようが、自分の中には素敵な光を想像して、超プラス思考で前に進む。

こんな彼だったからこそ成功出来たのでしょう。

諦めなければ夢は叶うのです。

17

ほんとに幸せになれる？

「会社を辞めさせてください！」ってスタッフに言われる時、僕は、残念に思うけれど、ほとんど引き止めません。

何故なら、もうその時点で、本人の決意は固いからです。

「ぜひ残って欲しい！」って言っても、もう心は固まっていることがほとんどですよね。

ただ、例外があります。

「うちの会社を辞めてどうするの？」って聞いた時、それではその人が幸せになれないのではないか、と思った時です。

その人が次にしようと思っていることが、不幸になるのでは、と判断した時には、僕は「辞めさせない！」って言います。

「おまえが幸せになるなら涙をのんで送り出せるけど、不幸になるのがわかっていて何故いいと言える？　絶対ダメだ！」って言ってしまいます。

僕にとってスタッフは、家族と同じです。

そのスタッフが幸せになれないってわかっているのなら、止めない訳にはいかないのです。

実際、「何があっても辞めさせない！」って引き止めたスタッフがいます。

その彼は今では、当社の副社長をしています。

なくてはならない大切な存在になっています。

「会社を辞めたい」と申告してきたスタッフに対して、経営者のすべきことはまず、利他の心で、「ほんとにその人が幸せになれるか？」って真剣に考えることではなかろうか。

やみくもに引き止めるのではなく、スタッフの幸せを一番に考えることが大切ですね。

18

責任をとる

「会社に損害を与えたので辞表を出します」

世間ではこんな話をよく聞きます。

しかしそれでいいのかなぁ？

僕は違うと思います。

それによって、会社からクビと言われるならわかります。

クビじゃなかったらどうするか？

自ら責任をとって辞めるのではなく、その損害を取り戻すように働く。

アイデアを出し、利益を出すことをとことん考える。

辞表を出すなんて、一番卑怯なやり方だと思います。

責任をとると言いながら、ただ逃げている卑怯者です。

責任をとる。
責任をとるとは、今まで以上に死にもの狂いで働くことではないでしょうか。
そして、会社にたくさんの利益をもたらすことではないでしょうか。

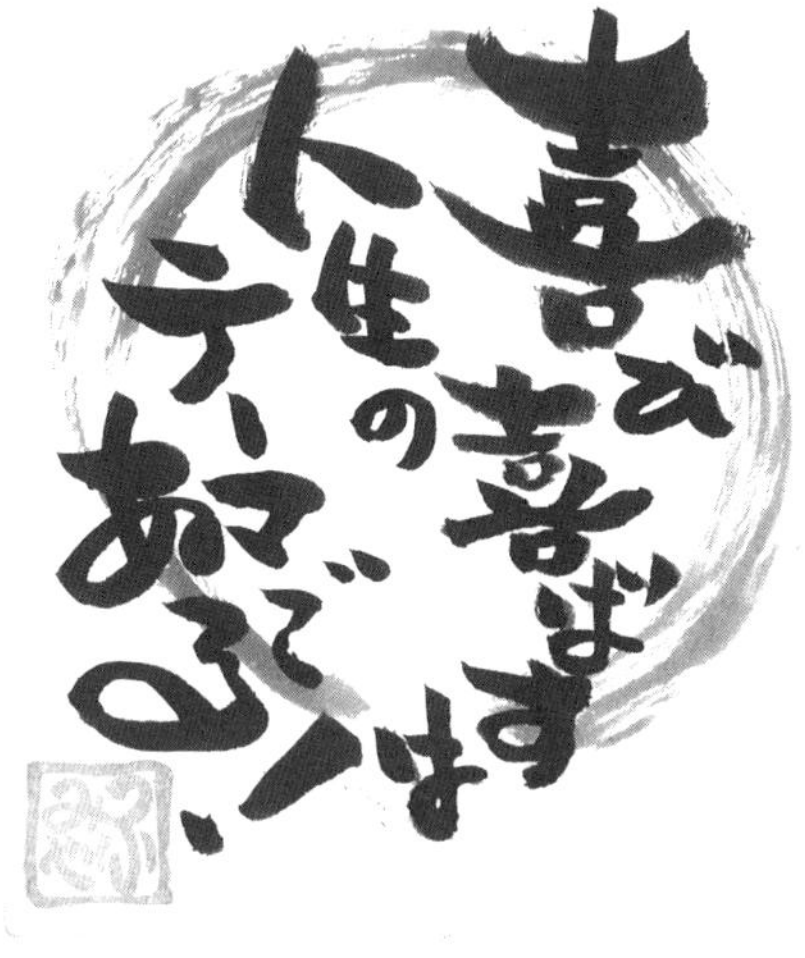

19

「そんなこと、聞いていない」

「そんなこと、聞いていない」
何かもめごとが起こった時、よく、現場で聞かれる言葉の一つです。

「聞いていないから、俺はやらない」っていうことですか？
「聞いていないしムカつくから、誰がやってやるか」ってことですか？
それとも、「聞いていないから、俺は悪くない」っていうことですか？
何故、相手の気持ちになってあげられないのですか？
悪気はなく、ただ伝えることを忘れてしまっていただけかもしれない。
相手は今も伝えたつもりでいるかもしれない。
もう少し相手を思いやって、考えてあげられないのですか？

「何かの手違いで聞いていなかったのですが、わかりました」
それだけでいいのに。
もっと言うなら、「わかりました、すぐやります」だけでいいのに。

貴方の「そんなこと、聞いていない」の一言で、周りのどれだけの人がイヤな思いをするか、考えてみてください。

自分の気持ちを主張する前に、まず相手のことを考えたいものです。

20

儲かる仕事、ないですか？

「いつまでもこんな仕事やってられないし、もっと儲かる仕事、ないですか？」

ある人に聞かれた。

僕は即答で答えた。

「ない！」


「儲かることを考える前に、人に喜ばれることを考えたらどうですか？」なんて思います。

「貴方の好きなことで喜ばれることを考えたらどうですか？」なんて思います。

そうすると自然と人が集まり、結果、利益が出るのではないでしょうか。

我々はすぐ「儲かるかどうか」を考えてしまいがちです。

「儲かる」とは、字の如く「信者」をたくさん作ることです。

そうすれば自然と儲かるようになります。

その会社の信者！　その店の信者！　その人の信者！　その信者が大切なんです。

流行っていない店は、場所が悪いなどというのは言い訳で、「信者」がいないのです！

今の時点では、貴方の店にも、貴方にも、魅力がないのだと考えた方がいいですよ。

いっぱい、いっぱい、喜んでいただき、たくさんの人に信者になっていただきましょう。

今、貴方の前にある仕事が貴方にピッタリの仕事です。

他の仕事を探す前に、その仕事で、一度でいいから真剣に、人を喜ばせてみてはいかがでしょうか。

仕事観、人生観が変わりますよ。

人に親切に楽しく幸せに、顔晴っていきましょう！

21

失敗する人って？

失敗者の共通点は何か考えてみました。

一つ、途中で諦めてしまう人です。
そして言い訳ばかりするのです。
また、誰かの責任にするのです。

たとえば、「名古屋から東京へ行こうと頑張って歩いて向かうのですが、箱根の山があまりにもきつかったので戻ってきました」なんて言い訳をするような奴です。

もう一つは、自分の欲しか考えず、他人の喜ぶことに目がいかない人です。
利己的な人です。

大切なのは、利己的じゃなく、「利他」なんです。

最後の一つは、まったく感謝に欠ける人です。

我々は生かされています。

自分の力だけで生きていると勘違いしないでください。

いろんな物や出来事、自然にも感謝すること。

もちろん、ご先祖様や周りの人達にも感謝すること。

思い当たる人は今すぐ改めて、失敗者ではなく、成功者になりましょう。

人に親切に楽しく幸せに、顔晴っていきましょう！

22

辞めた理由

人には二つの生き方があります。
常に不満を持つ生き方と、どんなことにも感謝する生き方。
その人の考え方一つですが、人生を左右します。
僕は求人募集の面接の時「前の職場は何故辞めたのですか？」と聞きます。
これはどんな職場でも同じかもしれませんね。
すると、前職の上司の悪口や、同僚の悪口を言う応募者がいます。
そんな人のほとんどは、次も長続きしません。
何故なら、そういう人は当社に入ってもいつも悪いところしか目につかないからです。
これはクセなんです。考え方のクセ。

どんな場面でも悪く見てしまうクセなんです。
いつでも「自分は正しい、アイツが悪い」のクセなんです。
こんな人はどんな職場に行っても同じです。

不満をすぐに見付け「ああ、こんな会社はダメだ」なんて言って、またすぐに辞めることになるでしょう。

それに比べ、「前の会社はみんないい人ばかりで、本当にお世話になってありがたかったのですが、どうしても自分自身もっと成長したいと思って、面接に来ました」なんて言う人がいます。

皆さんだったらどちらを採用しますか？

明らかですよね。

常に不満を持って生きる人は、どこに行っても不満の人生を歩み、また、感謝で生きる人は、どこに行こうがどんな仕事をしようが、楽しく幸せに生きることが出来ます。

すべて考え方です。考え方を変えれば、貴方自身を変えられるのです。

人に親切に楽しく幸せに、顔晴っていきましょう！

23

売り上げを上げるには

以前聞いた某洋服店の話です。

「売り上げの悪い店はどうするのですか？」との質問に対して、

「簡単です！　店長を変えるだけです！」と答えていました。

「店長を変えただけで売り上げって変わるのですか？」と聞かれると、さらに、

「はい、トップクラスの店長を持ってくれば必ず上がります。前年比をビックリするくらい上げてきます！」と言っていました。

たしかに店長には能力の差があります。

器用な店長、不器用な店長、指導力のある店長、指導力のない店長。

しかし、果たして能力だけなんでしょうか？

やっぱり違う。

「絶対売り上げを上げてみせる！　必ずやる、俺はやれる！　私はやれる！　絶対やらねばならぬ！　絶対出来る！　必ず出来る！」と思えるかどうかなんです。

能力も大事だけど、能力より心なんです。気持ちです。

心の針を下に向けて、下手にいろいろ考えても売り上げは上がりません。

その悩んでいる顔がお客様にも暗く映るのです。

理屈じゃないんです。感覚です。

店長が心の針を上に向けて明るく元気にしなければ、スタッフは同じようにはなりません。お客様の潜在意識にも感動を与えることは出来ません。

来たお客様に感動や感謝を持っていただけたら、必ずリピーターになっていただけます。

それには、自分が変わるしかないのです。

店長自身が変われば周りが変わる。

たったこれだけでいいのです。

24
月初めの約束

毎月、月初めの1日は、親に電話をする日です。

これは、僕の会社、奥志摩グループのハウスルールなんです。

親に感謝の出来ない奴が、飲食店でお客様に、本当に喜んでいただける接客は出来ない。

僕はそう考えています。

まずは親に感謝です。

とくに接客は、親に感謝が基本なんです。

「母さん、元気で頑張っているからね」

「父さん、お酒飲みすぎないでね」

「母さん、暑い日が続くけど水分はきっちり取ってね」

「父さん、あまり母さんを怒るなよ！」

「秋には4連休取って帰るからね」

「結構、料理も覚えたよ！　名古屋で頑張っているからね」

何でもいいから、親に元気な声を聞かせてあげてください、と伝えています。


親は貴方の声を聞くだけで幸せなんです。

だから、月に一度くらいは電話をしてあげてくださいと伝えているのです。


また、ご先祖様にも感謝ですよね！

そしてお盆には、出来るだけお墓参りに行きましょう！

行けない人は、お墓の方角を向いて手を合わせてあげてくださいね。

きっとご先祖様も喜んでくれていますよ！

25

流れに逆らわない生き方

以前うちの、1年半前に亡くなった取締役は、僕が前に進もうとするといつも、後ろから引っ張るのです。

「その出店やめておこうよ。もしうまくいかなかったらどうするの？」

と何度言われたことか。

日本一のマイナス思考で、日本一のネガティブ男だ、とよく思ったものでした。

僕が前向きにことを起こそうとしている時、反対されるとテンションが下がり、運も落ちると考えていたからです。

しかし最近、「今、取締役なら何と言うだろう」と、まず、ひと呼吸おいて考えるようになっているのです。不思議ですね。

何かを判断する時、その上で、やるかやらないかを決めています。

少し目を閉じて、軽く瞑想するのです。
いいイメージが出てきたらGO。あまりピンとこなかったらやめる。
いたって簡単に考えています。
何事も、川の流れのように、「流れ」を大切にしてきました。
流れに逆らうと洪水になったりして危険です。
水の流れの如く、自然に任せた経営も大切ではないかと思っています。
ムリをすれば必ずしっぺ返しがあります。経営危機にもなりかねません。
自分らしく、他とは競争しようとせず、あくまでも自然にです。
僕は、人の生き方も同じだと考えています。
流れを大切に、ムリをせず自然に自然に、です。
目先の欲にこだわらず、人と比べず、自分らしくを大切に生きる。
人に喜んでいただき、人に親切に生きる。
これが、流れに逆らわない生き方ではないでしょうか。

26

「あるべき姿」を学ぶ

人は謙虚でなければ、この先それ以上の成長はない。
「俺の腕はまだまだだ。もっと勉強しなくては」この気持ちがあるから成長出来る。
コップの水でも、満タンに入っていたら入れようがない。
空っぽにしておくと、もっとたくさん入れることが出来るのです。
自信を持つことはいいことだけれど、
「それは自信じゃなくてただ傲慢なだけだよ」なんて思うことも多々あります。
とにかく傲慢な態度はやめて、謙虚に。コップは常に空にしておきたいものです。

経営者も同じです。
ちょっと店舗が増えたからといって、ちょっと年商が増えたからといって、偉くなった気になっている人がいます。言葉や態度が変わってくるのですぐわかります。

経営者とは、すべての能力を持ち合わせていなければいけない訳ではありません。

もちろん能力があるに越したことはありませんが、なかなかそんな人はいません。

経営は自分一人では出来ませんし、

「この人の力になってあげたい」

「この人の考え方が大好きだ」

「この人なら一生ついていきたい」

などと思ってもらえるような、人間性であるかどうかが大切ではないでしょうか。

テクニックでは人はついて来ません。

どんな綺麗ごとを並べても社員は見抜きます。口先だけではダメなのです。

経営者の前に、一人の人間としてあるべき姿を、学ぶべきだと思います。

会社のすべての人が、それぞれの「あるべき姿」を見付け、行動に移したならば、
最強のチームになるでしょうね。

まずは経営者たるもの、人間性を磨くこと。
自分にも言い聞かせています。
みんなで前に進んでいきたいものですね。

27

社長の仕事は社員を喜ばすこと

「何故、会社の売り上げが１４０％も伸びたのですか？」と聞かれました。

「もちろん新店舗を出したのもあるけど、既存店が凄く伸びたからだよ」と答えると、

「こんな時期に既存店が伸びたのは何故ですか？」と聞かれたので、

「スタッフが今まで以上に、お客様に親切に出来たからだと思うよ。それによって常連客が凄く増えたことが、売り上げが伸びた理由でしょう」と答えました。

僕はこれまで商売をやってきて、去年ほど、社員、バイト、パート達にありがたいと思ったことはありませんでした。

そう思うと、今までは感謝力が足りなかったのかもしれません。

感謝していても、まだまだ足りなかったのかもしれません。

去年は、「みんなのおかげだ！　みんなありがとう。みんな本当にありがたいなぁ」

なんて、心から、今まで以上に思えてきたのです。

そして、「何とかみんなの収入を上げたい！　必ず上げる！」と真剣に思っていました。

そんなふうにみんなの喜ぶことをしていったら、売り上げも上がってきたのです。

社長は現場に入ってないから、直接お客様に喜んでいただくことは少ないのですが、社員達に喜んでもらうことを一生懸命考えて実行に移す。

そして社員達のワクワクする顔を思い出していい気分になる。

これをやったからだと思います。

見えない力！　感謝力！

元野球選手の桑田真澄さんも以前、「感謝力は凄い」と仰っていました。

今年も、もっともっと、社員達を喜ばします。

社長達！　ぜひ、これをやりましょう。

社長の仕事は社員を喜ばすこと、です。

28 借りたお金は必ず返す

お金は実にいいものです。

お金の嫌いな人はひとりもいない。みんな大好きです。

なのに、お金に縁のない人がいます。

それは、借りたお金を返さない人。

これが、お金に縁がなくなる原因の一つなんです。

人からお金を借りて、返さなかったらどう思われますか?

貸した人は、必ず覚えています。

(あいつ、いつ返してくれるのだろう? 返すつもりあるのだろうか? 何故そのことに対して連絡がないのだろう? どれだけいい加減な奴だ! 人間として許せない! 最低の奴だ)なんて思われて、人から負のパワーをいっぱいもらってしま

人に親切に楽しく幸せに、顔晴っていきましょう!

うのです。

負のパワーをいっぱいもらってしまうと大変です。

なかなか上に上がれず、お金に縁がなくなり、下に下がる一方です。

人に嫌われ、信用もなくすばかりか、自分の運まで落とします。

借りたお金は、いっぺんに返すことが出来ないのであれば、少なくても月々いくらか決めて、決まった日にちには必ず返す。

何がなんでも返す。

これが大事なんです！

「あの人は必ず決まった日にちには返済してくれる」

これが信用なんです！

信用のない人のところには、お金は引き寄せられません。

お金は素晴らしいものです。

お金で人に嫌われるようなことは、絶対避けたいものですね。

29

付き合う相手を選びましょう

ぬか床は、実にデリケートで管理が難しい。

ぬかが人を嫌う、とよく言ったもので、たとえばある家の、おばあちゃんが毎日管理していたぬか床。

おばあちゃんが病気の時、嫁が代わりにまぜた為に、味が変わり、結局ぬか床ごと捨てるはめになったとか。

和食の中で一番難しいのはぬか漬けかもしれないですね。毎日かまってあげなければいけないし、大切に、大切にしないと、微妙に味が違ってくる。

僕はこれを、恋愛の比喩で使うことがあります。

どれだけいいぬか床であっても、腐ったきゅうりを入れたらぬか床は腐ってしまいます。

また逆に、無農薬で育て上げた極上のきゅうりを、たいしたことのないぬか床に入れても、美味しいぬか漬けは出来ないのです。

バカな男と付き合ってぬか床を腐らすな！

バカな女と付き合っても成長しないぞ！

男は選びましょう。

いい男は年月がたてば、もっと深みが増すようになります。

女も選びましょう。

自分をもっと美味しくさせてくれる、成長させてくれる男と一緒にいるようにしましょう。

男性の皆さん、
ぬか床はいいぬか床に！
女性の皆さん、
ぬか床はくれぐれも大切に！

30

人は第一印象で判断しなさい！

「人は第一印象で判断してはいけない。あの人はいい人だ、とか、あの人は悪い人だ、なんて決め付けず、誰にでもいいところもあれば悪いところもあるものだ」とよく言いますが、それについては僕も否定はしません。

でも、僕はあえて、「人は第一印象で判断しなさい」とも言いたい。

「この人、なんか素敵な感じがする！」「この人なんか真面目そうな感じ」などと、いい第一印象を抱くことってありますよね。

一概には言えませんが、僕はほとんどそれが間違いない、と思っています。

まさか、コンビニの前でウンコ座りしているお兄ちゃん達に、自分から仲良くしようと話しかけないでしょ？

「この人ヤバそうだ」「この人根性悪そう」とか、どこか悪そうな奴も、わかるでしょ？

やっぱり悪い奴は、悪い顔をしていますよ。根性悪の人は根性悪の顔をしていますよ。

第一印象で合わない人は、付き合ってみてもほとんど合わないです。

もし、悪い人じゃないのに自分は外見で悪い印象を与えてしまう、とわかっている人は、気に入られる為に普段から笑顔を作ろうと気を付けるでしょう。

服装や行動にも気を付けるのではないでしょうか。

そうすれば優しい顔に見えるようになり、結果的に好印象になるはずです。

だからこそ、大いに第一印象を信じましょう。


ただ、自分の心が綺麗じゃないと、本質は見えません。

常に冷静に、冷静に。

曇っているメガネでは見えませんよ。よく磨いてから見てくださいね。

31

人は変わらない

人は変わらない。
人を変えようとしても、絶対、変わらない。
自分で変えようとしない限り、変わらないのです。
どんな素敵な話を聞こうが、勉強しようが、
「私もこうなりたい。絶対なりたい。必ずなりたい。いや、必ずなる！　絶対なる！
だから今のままではダメだ。変わらなくては。よし、変わるぞぉ！」
と、強く思い、これまでの行動を変えることでしか、自分自身を変えられないのです。

とくに、ある程度歳を重ねている人は、頑固な自分を持っていて、素直に人の意

見を聞くことが出来ず、なかなか変えられない人が多いのです。

40歳すぎの人は要注意です。

「俺は関係ない！」と思っている貴方。

貴方のことかもしれません。

そのまま放っておくと、周りの人達に嫌われますよ。

「俺は嫌われてもいいんだ！」

ほら、その態度が貴方自身だけでなく、周りにいる人達をもダメにしているのです。

仕事がうまくいかない、思うような成果があげられないのは、もしかしたら貴方のせいかもしれないのです。

気付いてください。

貴方が変われば、周りのみんながどれだけ喜ぶか。

貴方が変われば、周りの大切な人達がどれだけ幸せになれるかを。

32

綺麗になりたい人は

「あいつが悪い。あいつがいたからこうなった」って、相手に向かって人差し指を指して愚痴を言っている人がいました。

その時、中指、薬指、小指の３本は自分の方を向いています。

これは、「あいつが悪い」と言っているが、本当は貴方が３倍悪いのではないですか？ということを教えてくれているのです。

１対３の指の法則です。

それと反対に「あの人は綺麗だ」「あの人は本当に素晴らしい人だ」「あの人は素敵だ。あの人に１歩でも近付ける自分になりたい」なんて相手を褒めると、どうなるか？

今度は自分が３倍綺麗になっていくのです。３倍素敵になっていくのです。

綺麗に素敵になりたかったら、エステもいいですが、相手を褒めることです。

ぜひやってみてくださいね。
3倍も自分に返ってくるのです。何だか嬉しくなってきますよね。
また、人に褒められると、人からプラスのエネルギーをもらえます。
ますます良くなっていくのです。
10人に言われれば10倍かわいくなり、またやさしい性格になったりするのです。
人から褒めていただけるっていいですよね。
人からいっぱいのエネルギーをいただけるって本当にありがたいことですよね！
だから、たくさん人を褒めまくりましょう。
そして人からも褒められるように心を磨けば、ツキまくりの人生になりますね。
またまた幸せになりますね。
毎日笑っていられますよね。
そんな人生最高でしょう。みんなで幸せになりましょうね。
（お世辞はダメですよ。貴方の本音に作用しますからね。お世辞はゼロと同じです）

33

約束に大小はない

社長として一番大切なことは、「約束を守る」ということだと思っています。

約束にも大小があるように思われますが、どんな些細なことでも約束は約束です。

決めた日にはお金を支払う、とか、
時間を守る、とか、
大切なことはいっぱいあります。

もちろん給料だって、給料日を1日でも遅らせたらとんでもないことになります。

業者さんの支払いだって遅れる訳にはいきません。

これまでこうして30年も商いをさせていただけたのも、これらを完璧に守ってきたからだと思っています。

人に親切に楽しく幸せに、顔晴っていきましょう！

僕が普段から、子ども達を叱るのは、時間を守らなかった時です。
この時間を守ることについてだけは、うるさく言います。
時間を守ることは、信用を積み上げていくのに一番大切なことだと思っています。
これが出来ない人は何を言ってもダメですね。
信用をなくすばかりか運までなくします。
どんな約束でも時間は必ず守りましょうね。

34

他人に注意をする時の言葉の使い方

大学受験を控える息子が、ガラにもなく図書館で勉強していた時のこと。

他にもたくさんの学生達が勉強していたそうです。

そこに40代くらいのおばちゃん2人が入ってきて、話をはじめました。

大きな声で人の悪口を言い、盛り上がっていたらしい。

かなり耳ざわりで、息子は我慢の限界に達し、2人のところに行って言いました。

「おばちゃん何考えとるの！　俺らここで勉強しとるのに大きな声でくだらん話して！　迷惑なんだけど！　よそで話してくれない？」と。

すると一人の人が「何で貴方みたいな子供に、そんなこと言われなければいけないの！　こっちの勝手でしょ！」なんて言い返してきた。

結局言い合いになり、周りの学生まで寄ってきて大騒ぎになったらしい。

この話をしっかり聞いた上で僕は息子に言いました。

「おまえの行動は間違ってはいないが、正しいことだけが世の中通る訳ではない。それとお前の言い方も悪くてまとまるものもまとまらない」と。

そういう時は、

「すいません、静かにしてください」

これでもダメです。まだ、これでも足りません。

「すいません、お願いなんですが、もう少しだけ小さい声にしていただけませんでしょうか？」なんて、周りに聞こえないよう相手も気遣い、小さな声でお願いするような言葉で伝えたらどうでしょうか。

きっとわかってくれたのではないでしょうか。


正しいことでも、言い方や、言葉の使い方で結果は変わってきます。

こういう時は、お願いする言葉が一番いいのではないでしょうか。

35

相手に伝わらなければ意味がない

ある日娘が、学校の先生に「髪の毛黒く染めてこい！」と言われたそうです。

「黒く染めましたよ！」と娘が答えると、

「この色が黒ならおまえの目はおかしい。染め直せ！」

と、また、先生が言ったらしい。

娘が学校から帰ってくるなり、

「もうムカつく！　せっかく黒く染めたのに、あんな言い方して！」

と言ったので、僕は、

「髪を洗うたびに前の色が出てくるから仕方ないよ。今栗色っぽくてカッコいいのにね。でも決まりは決まりだから、もう一度黒に染め直そう」と言うと、
娘も素直に「うん。わかった」と言いました。

自分が「やった」と言っても、相手に通じていなかったらやったことにならないですよね。

挨拶でもよくあることです。

「おはようございます」「ありがとうございます」「いらっしゃいませ」

これらは、相手に「お前、挨拶がない！」なんて言われたら、自分は実際にちゃんとしたつもりで、「いや、さっきしましたよ」なんて答えても、言ってないことと同じなんですね。

いかに相手に通じるように、通じるまでやることが大切か。

肝に銘じておきましょう。

36

ポジティブの源は？

子どものころ、僕の家は貧乏で、８畳１間に裸電球のところに家族４人で住んでいましたが、家の中はいつも明るかった。

それは、いつも母ちゃんが笑顔でいてくれたからです。

何を話しても「ほうか、ほうか」って笑顔で答えてくれたり、褒めてくれたのです。

僕も、その母ちゃんの笑顔をもっと見たいから、たくさん母ちゃんの手伝いをしました。内職の手伝いや、畑の草むしり、洗濯。

そのたびに母ちゃんは、たくさん褒めてくれました。

母ちゃんの笑顔があったからこそ、今の自分がいつもポジティブにいられる。

感謝してもしきれないほどの母ちゃんなんです。

もちろん今でも、僕は、母ちゃんが笑うと嬉しい。
社員の笑顔を見るのも本当に嬉しい。
仲間の笑顔を見ると楽しくなる。
周りのみんなが笑顔だと、もっともっと嬉しくなる。
だから、自分も笑顔でいよう。
みんなに喜んでもらいたいから、笑顔でいよう。

「貴方の笑顔は、周りの人を幸せにする」
母ちゃんがそう教えてくれたのです。

37

母ちゃんから教わった子育ての基本

「ふみやは賢い。何でも出来るなぁ！
母ちゃんのとこに生まれてくれておおきんなぁ」
母ちゃんに、何歳の時から言われていたのでしょう。
かなり小さいころから言われていたと思います。
何も出来ないし、賢くもない僕に、そんな育て方をしてくれた母ちゃん。
生まれてきたことがありがたいことだと僕に伝えてくれた母ちゃん。
感謝してもしきれません。

僕が今、人の生き方について学ぶ中で、この育て方こそがどれだけ大切なことだったのかがわかってきました。

人に親切に楽しく幸せに、顔晴っていきましょう！

今自分が能天気に、ポジティブに生きられるのも、このように育ててもらったから、癖づけが出来ているのだと思います。

僕は今、3人の子どもを育てています。

母ちゃんに教えてもらったこの声かけを、生まれてきたその日から、毎日欠かさず、寝ている子ども達にしてきました。

「ゆき、お前は、凄い力を持っているよ。お前は凄い。お前は何でも出来る。ほら、出来ちゃった。凄いねぇー。お父さんのところに産まれてきてくれて、ありがとうねぇー」と。

超ポジティブ人間にする為に、もう一つは、感謝の念を毎日持てるようにする為にです。

毎日続けていると、小学5年生くらいで、少し大人びてくるのか、「お父さん、もうわかっているからいいよ」って言ってきます。

この時、約4000日続けてきた毎日の日課は終了です。

これ以上やるとかえって嫌われて逆効果です。
ここでやめても、潜在意識に、ポジティブ思考と感謝だけはたっぷりと詰まっているのです。

この先、子ども達がどのような道を進んでいくのかわかりませんが、少なくとも、プラス思考で、いつも、ありがとうの言葉を忘れない人間になってほしいものです。

人に親切に楽しく幸せに、顔晴っていきましょう！

38

「はーい、楽しんで！」

我が家では、子ども達が学校に出かける時、
「行ってきまーす」に対して、
「はーい、楽しんで！」というのが恒例になっています。
一般的には「行ってらっしゃい！　気を付けて」と言うのでしょうか。

言い方は何でもいいのですが、毎日大きな声で、笑顔で言うことが大切です。
朝、子ども達は、まだ眠かったり、急いでいたりして機嫌が悪いことがあります。
それでも親は明るく振る舞うのです。
子どもの機嫌が悪いのに合わせ、自分まで機嫌が悪くなっていたらバカですよね。

これが会社など、公の場ならどうでしょう。
相手の機嫌に合わせてしまい、
「何あの人！　朝からむすっとして。こっちまで気分が悪くなってくるわぁ」
なんて自分で勝手に気分を悪くしているだけなんです。
どんな時も相手は相手、自分は自分。
相手は機嫌が悪くても、自分はいつもルンルン。
楽しくルンルン♪　幸せルンルン♪
なんて私は運のいい、最高の私なんだろう♪　あぁルンルン気分♪
こんな感じで生きていきたいですね。
子どもに出来るのだから、他人にも出来るはずです。
何があろうとも相手に合わせず、ルンルン気分でいきましょうね。

39

子どもの一言

ある日、朝起きてカーテンを開けると、雨が降っていました。

僕がボソッと「あぁぁ、雨かぁ、いやだなぁ」って呟くと、当時3歳くらいだった息子が、窓越しに見える庭の木を指さして、

「お父さん、ほら葉っぱさんが喜んでいるよ」って言った。

あらためて見ると、新緑の葉っぱが雨に濡れて、素敵な光景でした。


大人って自分の都合ばかり考えてしまい、雨は鬱陶しいとか、イヤだなぁとか思ってしまいますが、本当は、雨が降ることを、葉っぱだってお百姓さんだって喜んでいるのですよね。

人に親切に楽しく幸せに、顔晴っていきましょう！


あの時の息子の言葉に、自分のことだけしか考えてない、自分に気付かされたのを、今でも覚えています。

子どもからは、いろんなメッセージをもらい、逆に成長させてもらっています。

何でもどんな時でも、すべて善きこと、ありがたいことなんですね。

40

父親の愛

皆さん、家庭ではどんなお父さんですか？

子育てって、いろいろな考え方がありますよね。

どんな育て方が正解か、本当にわかりません。

その子どもが大人にならないと、正解はわからないでしょうね。


日本人のお父さんは子育てが下手だなぁと感じます。

アメリカでは子どもが大人になってもハグをします。

文化の違いもありますが、これはとても素晴らしいことだと思います。

日本人はどんな家庭も小学校の高学年になるころには、ハグの習慣がなくなっていきます。

ハグを続けられたら一番いいと思いますが、周りがみんなやらなくなるから、仕方ないのかもしれません。

子ども達も「もう僕は子どもじゃないんだ」なんて、大人びてきますからね。


昔から、お父さんは「無口で威厳があり、怖い存在でいい」とされてきました。

たしかにそれも悪くはないと思いますが、本当にそれだけでいいのでしょうか？

僕の家では、普段から、冗談を言ったり笑わせたりしているから、子ども達も笑顔がたえません。そんな家族でいいと思っているのです。

すべてはバランスですが、子どもがお父さんの顔を見たら逃げて行く、では情けないと思っているのです。


とにかく、「家庭は、明るく楽しく幸せに」が僕の考えです。

そして、父親からも、たっぷりの愛情を見せた方がいいと思います。

「お父さんはお前のことを愛しているんだ」と、
常に声に出して伝えるべきだと思っています。
それと、「お前は何でも出来る」と、自信を与え続けること。

いつか子ども達が大人になって、
いつも笑顔で、
心の針を上に向けていられるようになって、
幸せな生活を送れていれば、と願ってやみません。

41

離婚した友人達へ

今、離婚する方達は、約４組に１組以上と言われています。

離婚は悪いとは言いませんが、子どもがいると大変なことです。

僕の友人にも、離婚をした人が何人かいます。

その時、僕が彼らに言うことは、こんなことです。

「子どもに対して愛情はあるの？」と聞くと、ほとんどの方が「あります」って答えます。

それなら、子どもが20歳になって会いに来た時、立派なお父さんになっていたいですよね。

また、それまで会える機会があるのなら、きちんと言葉に出して、

「お父さんはお母さんとは別れてしまったけど、おまえのことは最高に愛している

からね」って、会うたびにしっかり抱きしめて伝えてあげてほしいのです。

また、お母さんには、お父さんを嫌いになって別れたにせよ、絶対に子どもにはお父さんの悪口を言わないでほしいのです。

そうすると、離婚をして親が離れ離れになっても、子どもにとっていい波動が残ります。

子育ては大変なことです。

子どもに、別れたお父さんの愚痴を言いたくなることもあると思いますが、言ってもなんの成長にもならないばかりか、いい子どもに育ちません。

他人を褒める育て方をすると、子どもも他人を褒めるようになります。

愚痴ばかり言っている家庭では、愚痴ばかり言う子どもになります。

どんな家庭環境でも、いつも他人に感謝する言葉、おかげさまの言葉をたくさん使って、素直な、いい子どもに育ててくださいね。

42

子ども達に伝えたいこと

お前は大丈夫。結果がどうあれ大丈夫。
これからは気分のいいことをしなさい。
努力はするな。好きなことをやるだけ。
我慢はするな。気分のいいことだけをやりなさい。
私達は幸せを感じる為に、楽しむ為に生きているのです。
あまりにも他人の意見を聞くな。自分のしたいことをしなさい。
生き方は一人一人違い、生まれてきた目的も、一人一人違うのです。
いい気分になることをしなさい。いつもいい気分でいることが大切なんです。
「あぁ楽しい。あぁ嬉しい。あぁ幸せ。なんて自分は幸せなんだろう」
こう思うことが大切なんです。

さあ、これからの人生、おまえはツキまくりです。
これからの人生、どんどん運が向いてきます。
努力はするな。イヤなことはするな。
「努力」それはばかな人間が決めた美学。
好きなことを楽しくすればいいのです。
好きことを考えているとワクワクしてきます。
それが大事なんです。好きなことだけに集中しなさい。
楽しくってたまらないはずです。
そして、自分にもありがとう。周りのみんなにもありがとう。
そして、その辺の木にも、葉っぱにも、雨にも、土にも、何にでもありがとうと。
さあ、いっぱい楽しんでいきましょう。
いっぱい幸せを感じましょう。
すべては素敵な人生を引き寄せる為に。

43

実力以上の力が出せる時

息子が幼稚園の年中の時、「ピアノを覚えたい」と言い出しました。
僕は常々「やりたいことはやれ！　やりたくないことはやるな！」と考えているので、すぐにOKしました。

ピアノの発表会が近付いてきました。
女房は「もっと練習しないとダメだよ！」って言っていました。
僕は、まだまだ下手な息子に対して、
「お前は本番に強い、凄い男だから、必ず上手に弾けるからね」と言いました。
それを聞いていた女房も「そうだね。絶対出来るよ」って言い直しました。

しかし、ピアノの発表会の前日も、当日の朝も、何回も間違えて弾いていました。
それでも僕は息子に「絶対お前は出来るからね」と言い続けました。
何故なら、僕は潜在能力の使い方を知っています。
僕がしたのは、息子の潜在能力に働きかけること。
常識で考えることと潜在能力はまったく別の力なのです。

そして、息子は、１００回弾いて１回も間違わずに弾いたことがなかったのに、
発表会ではバッチリ弾けたのです。
これが潜在能力、また言霊の力なんです。
思いがあれば、自分の実力以上のことを成し遂げることが出来る。
努力じゃなく、頑張ることじゃなく、「僕は出来る！」と信じたからなのです。

44 進路に悩む息子へ

息子が大学にいくか、浪人するか迷っていました。

希望の大学は落ちて、滑り止めの大学に受かった為です。

迷いに迷ってなかなか結論が出ない状態です。

将来いっぱいやりたい職業があり、決められないのです。

18歳で具体的に何になりたいかという夢のある人は素晴らしいと思いますが、迷って当然だと思います。

僕は25歳までわかりませんでした。

ただ、流れには逆らわない方がいいと思っています。

迷った時は、本当の自分の中にいる魂はどうしたいか？

自分が一番いい気分になれることは何なのか？


人に親切に楽しく幸せに、顔晴っていきましょう！

人の意見は無視して、本当の自分が超気持ちいいことを選ぶべきです。

僕自身は「大学なんてクソくらえ！　大学出ようが使いもんにならない奴はならない」と考えています。

だから息子にも、1つの選択肢にとらわれず、本心に逆らわない、自分の流れに逆らわない生き方をすることを望んでいます。

自分がいい気分になれるのは何か。ワクワクするのはどちらなのか。

見栄を捨て、リラックスして瞑想してください。

大学に通う姿、浪人している姿。どちらが気持ちいいですか？

どちらも気持ち良くないなら、その2つとも間違いでしょうね。

進学せず、そのまま働くのも選択肢の1つです。

とにかく、今いい気分になることをすすめます。

ワクワクすることをすすめます。

45

父ちゃんのこと

貴方のお父さんってどんな人ですか？

実は僕は、母ちゃんを語らせたらなんぼでも話せますが、父ちゃんのことになると、考えなければ出てきません。

本当なら「一番尊敬するのは父親です」なんて言いたいのですが、あまり話した記憶がないのです。

毎日、酒を飲んで酔っ払うところを見て「情けない父ちゃんだなぁ」なんて思ったものでした。


それでも頑張って思い出してみると、僕が6歳くらいのころの記憶がよみがえってきます。

膝の上で『さるカニ合戦』や、『うさぎとカメ』などの本を読んでもらっていました。

また、「父ちゃんまたあの話して!」って言うと、『少年とおおかみ』の話をしてくれました。

いつもワンパターンで、不器用な父ちゃんだけど、一生懸命話してくれていました。

そういえばかけ算だって父ちゃんに教えてもらっていました。

3年生くらいになって、酔っ払いの父ちゃんが嫌いになり、あまり話さなくなったのです。

しかし、この年になって思います。

父ちゃんは毎日日雇い人夫で働き、貧乏ながらも僕らを育ててくれました。

その時、唯一の楽しみは仕事が終わってからの酒だったのでしょう。

今では糖尿病にかかり、薬を飲みながら酒を飲んでいます。

何回も注意しましたが「酒をやめるなら死んだ方がいい」とでも言いたげです。

炊事、洗濯、掃除、まったく出来ない父ちゃん。一つだけお願いをするならば、この先、死ぬ時は母ちゃんより1日でいいから早く逝け！

とんでもないことを言う息子だと思うけど、息子だから言えるのです。

父ちゃんのことを考えたらそれが一番だと思います。

もちろんこれからも二人でいっぱい長生きしてください。いっぱい楽しんでください。

父ちゃんには、育ててもらったこと、本当に感謝しています。

父ちゃんの子どもで良かったとも思っています。

「父ちゃん！　本当にありがとう」

46

赤ちゃんのパワー

お腹の中の赤ちゃんって、たとえ小指くらい小さくても意識があるみたいです。

だからいっぱい、いっぱい、話をしてあげてくださいね。

「私のお腹で毎日すくすくと育ってくれて、本当に嬉しいよ、ありがとう。貴方が元気な身体で出てきてくれるだけで嬉しいからね。ただ、私を苦しませないでスポンと出てきてくれる？　お願いね」こんなふうに頼むと、元気な赤ちゃんが、安産でスポンと生まれてくるのです。

赤ちゃんは凄いパワーを持っていますね（これ七田眞さんの説を参考にしています）。

たとえば、アトピーのお母さんがいたとします。

「生まれる時、アトピーも一緒に流しながら出てきてくれる？」ってお願いすると、赤ちゃんを産んだその日から、ウソのようにアトピーが出なくなるのです。

また、旦那さんもいつも、お腹をさわって、いっぱい話しかけてあげてくださいね。

「お父さんも嬉しいよ！　おまえと会えるの、楽しみにしてるよ。安心して産まれておいで。一緒に楽しい家族を作ろうね。ありがとう」なんて言えば、お腹の中で、めちゃ喜んでくれるのです。

この話を信じてくれた人は必ず安産なんです。不思議だけど、事実なんです。


また、生まれてからも、赤ちゃんは凄いパワーを持っています。

ちっちゃな手足をさわると笑いが込み上げてくるし、あくびを見ても可愛くってたまりません。何をしていても癒してくれます。

何より、家族があたたかい気持ちになれるのがいいですよね。

右脳で生きているから、宇宙エネルギーに満ち溢れているのでしょうね。

神秘的なオーラに。幸せのオーラに。

赤ちゃんにみんなで話しかければ、言葉はわからなくても、波動が伝わっていきます。

47

お預かりの子ども達

あるお母さんが、

「私は子どもを『預かっている』と思って育てている」と言いました。

これは、なかなか言えない言葉です。

「自分でお腹を痛めて産んだ子どもだけど、この子ども達は神様からお預かりしている。子ども達を通して私も成長させていただいています」とでも言いたかったのでしょう。

〝自分の子どもであっても、神様からお預かりしている大切な子ども〟

この考え方が僕は大好きです。


「子育て」って言うけど、私達親が子どもに教えられることって多いですよね。

自分達も子どものころは無邪気で素直だったのに、大人になってそれを忘れてしまっています。

神様が、「早く子どものように素直に戻りなさい」なんて教えてくれているのかもしれませんね。


大人になった時、人に親切に出来て、楽しく幸せに生きていけるように、子どもと共に成長していきたいですよね。

我々親にもいろんなことがありますが、

「大切な神様からのお預かりの子ども達」を立派に育て上げたいものですね。

48

子どものころのアルバム

子どものころのアルバムを見ていて思いました。

「俺、こんなに小さかったんだ」

「父ちゃんにもちゃんと愛されていたんだ」と。

小さい僕の手を、父ちゃんが嬉しそうにつないでいるのです。

また、僕の肩に手を置いて笑っているのです。

母ちゃんとの思い出ばかりで、父ちゃんとの思い出はほとんどないと思っていたのに、父ちゃんとしゃべった記憶もあまりないのに、写真を見ると愛されているのがわかるのです。

今田舎に帰るといつもボケっとしている父ちゃんだけど、愛情をくれていたのですね。母ちゃんと同じくらい思ってくれていたのかもしれませんね。

今更ながら父ちゃんにも感謝の気持ちが湧いてきましたよ。

皆さんも、たまには自分が子どものころの写真を見ることをおすすめします。

我々、ともすれば「一人で生きてきた」なんて思ってしまいますよね。

少なくとも僕はそう思ったことがありました。

でも、今は、母ちゃんのオッパイをもらい、父ちゃんからも愛情をもらい、貧乏ながらも大事に育ててもらったことを感じるのです。

あらためて本当にありがたい気持ちにさせてくれます。

皆さんも、本棚の奥にしまってあるアルバムをぜひ開いて見てください。

僕が父ちゃんの愛情に気付けたように、貴方にも何か新しい発見があるかもしれませんよ。

自分は、「生きている」じゃなく、「生かされている」のですね。

49

僕達は、何の為に生まれてきたのだろう

僕達は、何の為に生まれてきたのだろう。
誰でも一度は考えたと思います。
僕が行き着いたのは、お釈迦様も言っているように、
「魂を磨く為に、生まれてきた」と思っています。
では、「魂を磨く」とは、どうすればいいのか？
それは、自分の好きなことをすること。
自分が楽しくなるようなことをすること。
自分がいい気分になるようなことをすること。
自分がワクワクするようなことをすること。
そしてそれがより多くの人の、役に立つこと。

これが「魂を磨く」ことだと、僕は思っています。
人は誰でも自分が大切で、大好きです。
しかし、人の役に立っている自分って、もっともっと大好きなのです。
より多くの人の役に立つことで、魂はどんどん磨かれていきます。

もう一度言います。
僕達は、何の為に生まれてきたのだろう。
自分の好きなこと、楽しいこと、いい気分になること、ワクワクすることをやって、
より多くの人の役に立つことなのです。
それはつまり、人に親切に、楽しく幸せに生きることなのです。
このことだけは、心に刻んでくださいね。

50

神様は、笑顔の貴方が好き

日本人って「頑張る」って言葉、好きですよね。
頑張ることが美学だと、思っているのです。
しかし、ただ頑張るだけでは、幸せになれません。
本当の自分、〝内なる自分〟は、何と思っているかなんです。
「頑張るって言ってみたけど、本当はいやだなぁ」「頑張るってつらいなぁ」
こんな気持ちでは、幸せにはほど遠いのです。
一番大切なことは、頑張ることではなく、楽しむことなんです。
表情にも、神様がいます。
困った顔をしていると、困るようなことが起きます。
怒った顔をしていると、怒るようなことが起きます。

神様は、顔の表情に合わせて物事を起こしてくれるのですね。
だからどうせなら、いつも顔は晴れやかにしましょうよ！
笑顔でいましょうよ！
眉間にシワをよせて「頑張る」より、顔を晴れやかにして「顔晴る」のです。

そうすれば神様が、
「そんなに笑顔でいてくれるのなら、もっともっと笑顔になれること、起こしてあげるね」って、
貴方の願いを、叶えてくれるのです。

51

幸せは貴方の心に

自分の魂の中に、本当の自分がいる。

本当の自分とは、いつもほがらかに笑っていて、楽しくって幸せに満ちた、自分です。

そして、神様とつながっている。宇宙ともつながっている。

すべて思い通りになる、素晴らしいエネルギーとつながっているのです。

しかし、もう一人の今の自分は、人に心を合わせてしまい、人に不満を感じ、怒ったり、恨んだり、憎んだりしてしまいます。

考えなくてもいいのに考えてしまったり、人に心を合わせなくてもいいのに合わせてしまった結果、一人で怒ったり、ムカついたりしているだけなのです。

本来の自分と調和出来たならば、人に心を合わすことなくいつも楽しく幸せにいられます。

自分をコントロールするのは本当に難しいことです。

しかし、それが出来ないと幸せにはなれません。

他人とではなく、本来の自分と調和するクセをつけないと、幸せにはなれないのです。

大きく深呼吸しましょう。

そして内なる本来の自分に焦点を合わせましょう。

いつも幸せでいる自分に気付きましょう。

宇宙と、本来の自分と、今感じている自分。

この３つを、ゆっくりゆっくり、まるでこの３つが空から真っ直ぐの直線で結べるかのようにイメージしましょう。

穏やかに、たおやかに。なんて素敵な世の中なんでしょう。

これこそが幸せに満ちた生き方なんです。

幸せはすべて、貴方の心にあります。

人に親切に楽しく幸せに、顔晴っていきましょう！

52

他人からの「君なら出来る」

「その考え方なら大丈夫だ。君なら出来る」

この言葉を他人から言ってもらえたら、嬉しいですよね。

僕がはじめて言われたのは、小学校5、6年生の時でした。

村の青年が、毎日毎日、山を耕し、梅畑を作っていました。

当時、僕は友達と遊びにも行かず、一人で手伝っていたのです。

「ふみや、お前もみんなと遊んできていいぞ」と言われても、

「これ面白いからもう少しやらせて！」なんて言ったものでした。

子ども心に、梅に対して志高く話してくれる青年が好きだったのです。

するとある日青年が「ふみやは変わってるなぁ～。でもお前、大人になったら何か凄いことが出来そうな感じがするな。お前なら出来るよ！」と言ってくれたのです。

身内ではなく、他人から褒めてもらえるのは格別に嬉しいものでした。

おそらくそういう子どものころの経験が、大人になってからの自信につながっているのですね。僕はみんなから自信を付けていただいたのですね。

また、振り返ってみると、僕は自分が褒められることだけでなく、人を褒めることも自然と身に付いています。

もちろん心からですよ。自然に、気持ち良く、です。

普段から、いいことだと心で感じると、すぐに言葉で相手に伝えるようにしているのです。

「ふみやさん、いつも私を褒めてくれるね」と言われることもあります。

心からの言葉だから、本当にみんな喜んでくれるんです。

「君なら出来る」「お前なら出来る」はとくに最高の言葉だと思っています。

僕が子どものころに自信を付けさせてもらった言葉。

目の前の相手に対して本気でそう思ったら、ぜひ声をかけてあげてください。

「君なら出来る」貴方のその何気ない一言が、他人に大きな自信を与え、人生をも素晴らしく変えることになるのです。

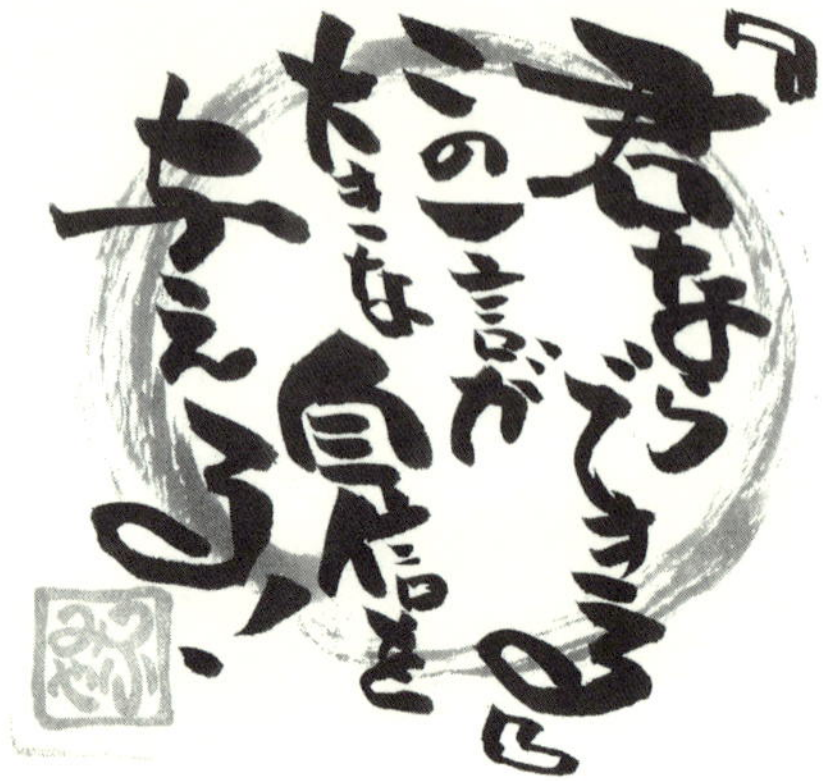

53

足を踏まれたら

電車に乗っていたとしましょう。
電車が大きく揺れて、誰かに足を踏まれました。
相手は、「すいません」と直ぐに謝ってくれました。
この時、貴方はどう感じるでしょうか。
口にはしなくても（この野郎、俺の足を踏みやがって）とムカついてしまうか、
（ムカつくけど謝ってきたから許してあげよう）と思うか。
でも、こんな人もいるのです。
相手が謝らなくても、
（ごめんなさい、僕がこんなところに足を置いていたから）と思える人。
こういう人は、何でも自分の責任、相手は悪くない、と考えられる人なんです。

同じことが起きても、人によって全然感じ方が違うんですね。

人は、案外つまらないことで、簡単に怒ったり腹を立てたりしますが、この「怒る」という行為も、運をなくす原因なんです。

怒ると、心は下を向きます。

すると悪い神様が喜んで近寄ってきます。「そんなにムカついているなら、もっともっとムカつくようなことを起こしてあげましょう」と。

そうやってまたまた悪い方向に導くのです。

日々、生きていれば多少のイヤなことは誰にでもあります。

しかし、いつも心だけは上に向けて、つまらないことに腹を立てないように、コントロールしたいものです。

54

幸せへの近道

貴方がいてくれて、良かった。

貴方がいたから、ここまでこれた。

貴方がいてくれて、幸せ。

こんなふうに人から言っていただける人生って、素敵ですよね。

人に親切にしたから、結果的にこんな言葉を言っていただけたのでしょうね。


「人に親切にしなさい」

親からも言われたし、幼稚園でも、小学校の道徳の時間でも言われたでしょう。

もはやそんなことって常識で、当たり前すぎて、古くさい言葉のようにも思いがちです。

でも、親切はいいとわかっていても、なかなか行動に移せないのが人間の常です。
人に親切にする、とはつまり、「利己主義」じゃなく、「利他の心で生きる」こと。
言葉ではわかっていても、なかなか行動に移せない人も多いでしょう。
では、どうすればいいのか。
大きなことではなく、小さなことで人に親切にする、って決めることです。
すぐ出来る小さなことです。
たとえば、靴をそろえる。トイレットペーパーを三角に折る。ゴミを拾う。
自分から挨拶をする。道をゆずる。など、簡単なことでいいのです。
そうすることによって、何が変わるのか。
自分の心が、気持ち良くなるのです。
人に親切にすることって、自分が気持ち良くなることです。
人は、常に、自分をいい気分にさせることが大事なんです。
自分がいい気分になることで、すべてと調和出来て、良いことも引き寄せられます。

人に親切にする。
真剣に向き合えば、奥深い言葉です。
これこそ、みんなも喜び、自分も喜べ、幸せになる。
最高の法則、幸せへの近道です。

55

頑張るな！　努力するな！

「人生というのは苦しく、いばらの道のようなものである。努力して努力して、とにかく負けない自分を作らなければ幸せになれないものである」

かつてこんな教えがありました。だからみんな「頑張った」。その結果、どうなったかと言うと、頑張ってもうまくいかないと感じる人のほうが多かった。

そうなんです。頑張ってもダメなんです。

楽しまないとダメなんです。

「人生とは楽しく幸せなものだ」僕はそう思っています。

自分がワクワク出来ることを探し、それを楽しめば、幸せでたまらない、最高のものなんです。

貴方が考えている、ワクワクすることが叶ったところを想像してみてください。

そのことでより多くの人が喜んでくださっているところを想像してみてください。

苦しいと教えられると、苦しくなります。

いばらの道だと教えられるといばらの道になるのです。

努力しないとダメと教えられると、努力だらけの苦しい人生になるのです。

もっとわがままに生きなさい。頑張ったらダメですよ。

頑張っても幸せにはなれません。


僕はいつも、「努力はするな。勘で生きなさい。勘を磨く為には、常に人に親切にすることだ」と言っています。

これまで、努力し、頑張ることがすべてだと教えられてきた人達にとっては、なかなか理解しづらいことかもしれません。

でもこれが真理なんです。原理原則なんです。

かのエジソンの発明は、努力や頑張ったことの賜物ではないのです。

好きなことを諦めず、ワクワクしながら、「必ず出来る」と信じて、楽しんだ結果なんです。

さぁ今日から、貴方も、
「頑張るとか、努力するとかじゃなく、
好きなことを楽しみながら、最後までやる」
これなんです。

56

名付けて「先取り感謝法」

神社に行くと「健康でいられますように」とか「お金が儲かりますように」などと、お願いごとをお祈りしますね。

しかし、本当は、お願いするのではなく、「ありがとうございます」と感謝を伝える為に行くそうです。

毎年夏の終わりになると、米の収穫がはじまります。

それを、まだ収穫のはじまっていない季節に、先に神様に感謝をするのです。

「今年も豊作でありがとうございました」って。

「豊作になるようお願いします」ではなく、まだ米がとれてもないのに、先に喜び、お礼に行くそうなんです。

各地で行われる「祭り」も同じだそうです。

まだ結果も出てない時に「あぁ豊作で良かった。あぁ今年もありがとうございました」と、先に喜び、お祭りをしてしまうのですね。

まさにこれが、『先取り感謝法』ですね。


成功哲学などを勉強されている方なら、わかりますよね。

何故、夢が叶うのか、を。

自分の夢が叶うことを想像してありありと描いた時、その喜びを感じ、感謝の気持ちがはっきりと出てきたならば、その夢は現実化する。

自己啓発セミナーなんかでも耳にタコが出来るほど聞いたのではないでしょうか。

この国で昔からの風習である、神社参拝やお祭りに同じような意味があったとは。

私達は、先代より自然に教わっていたのですね。

びっくりしましたが、凄く嬉しく思いました。

57 人の幸せを喜べますか？

貴方は、人の幸せや成功を喜べる人ですか？

実はこれ、自分に降りかかってくるとても大切なことです。

多少の嫉妬心は誰でも持つものです。相手によっては喜べないこともあるでしょう。

しかし、あまりにも悔しがったり、妬んだりすると、自分に幸せと成功が訪れない法則になっているのです。

人の幸せを心から喜べる人になる為に、僕が実践していることがあります。

毎朝、目覚めた瞬間に「人に親切にしよう」と声に出し、誓うのです。

（これ斎藤一人さんから教えていただいたことです）

人間は宣言したからといってすぐには変わりません。

人に親切に楽しく幸せに、顔晴っていきましょう！

あほな奴ほど成功する

でもこれを毎日毎日続けていると、少しずつ変わってくる自分に気付きます。
どちらか一つを選択しなければいけない時、今までなら自分に都合のいいように選んでいたけど、人に喜んでいただけるのはこっちかな、なんて考えられるようになります。

ほんの少しずつ少しずつ、変わってくるのがわかるのです。
ムリをする必要はありません。まず、毎日、寝起きに宣言するだけでいいのです。
必ず、少しずつ変わっていきます。気付いたら、めちゃ親切な貴方に変わっています。
人の幸せを心から喜ぶことも出来るでしょう。

そしてそんな貴方への一番のプレゼントは、みんなから感謝の波動をいただけること。
幸せになる波動、運まで良くなる波動です。
そんな「ありがとう」をいただける、親切な貴方になる為に、毎朝宣言しましょうね。
3ヶ月後、半年後が楽しみです。

58

幸せになる言葉

言葉は、「言霊」とも言って、とても大切です。

自分が使う言葉によって、人生が大きく変わります。

「言葉ぐらいで、そこまで変わるの？」なんて思う人もいると思いますが、
素敵！　幸せ！　楽しい！　嬉しい！　ツイてる！

こういうポジティブな言葉を、意識的に使うように心がけると、本当に幸せの神様が舞い降りてきます。

その中でも、神様が一番好きな言葉。

それは「ありがとう」と、「おかげさま」です。

貴方は毎日、朝起きて寝るまでの間に、「ありがとう」を何回言っているでしょう？

10回？　20回？　50回という人もいるかもしれませんね。

では今日から、今までの倍は使いましょう。またまた幸せになりますよ！

また、我が家では、トイレに「私はいつもツイている！　毎日が楽しく幸せです。みんな本当にありがとう」という言葉を書いた紙を貼っています。

娘が幼稚園に通っていた時から、毎朝、トイレからそれを読む娘の大きな声が聞こえてきていました。

皆さんも、この言葉を家族のみんなが見えるところに貼っておいたらいかがですか？

そして、目に入る度に読むだけでいいんです。

毎日繰り返し言っていたら、明らかに変わってきます。

たった１ヶ月でも、変わるのがわかるはずです。

普段から、いっぱい、いっぱい、「幸せ言葉」を使って、心の針を上に向けておきましょうね。

59

悪い言葉を使ってしまったら

「悪い言葉」とは、
嫌い・疲れた・ムカつく・ウザい
出来ない・無理だ・ダメだ・ツイてない、など、
普段、ついつい使ってしまう言葉です。
この、ついつい使う言葉がどれほど「悪い」のか。
この言葉に焦点を合わせていると、下の方から「悪い神様」が近付いてきます。
（よしよし見付けた、ざまぁーみろ！　そんな言葉をおまえが使うのなら、もっと運を悪くしてやる！）と、嫌いと言うならもっと嫌いに、疲れたと言うならもっと疲れるように。
ツイてないと言うならもっとツキを無くすように。

すべて、「悪い神様」にアレンジされてしまいます。
「悪い言葉」を使えば、悪い方に導かれてしまうのです。
使った言葉の通りにされてしまうのです。
「悪い言葉」を使ってしまった時は、この言葉で打ち消しましょう。
それは、「ありがとう」です。
悪い神様は、「ありがとう」という言葉が一番大嫌いな言葉なんです。
まさに、「ゴキブリにキンチョール」です。
「その言葉はやめてくれ〜！」って逃げて行ってくれるのです。

ついつい「悪い言葉」を使ってしまったら、いっぱい、いっぱい「ありがとう」を繰り返し言って、かき消しましょうね。

60

幸せは、自分の心が決める

「なんで俺は給料が少ないのだろう。これだけやっているのに何故なんだろう」

そうですよね。

誰でも、お金はたくさん欲しいですよね。

「お金さえたくさんあれば幸せになれるのに」って思っている人は多いと思います。

お金があればいっぱい遊べるし、美味しいものもいっぱい食べられる。

でも、それと本当の幸せは別物なのです。

他にも、借家に住んでいる人が、持家を持てば幸せになれる。

彼氏のいない人が、彼氏が出来たら幸せになれる。

車のない人が、車を持てば幸せになれる。

そんなふうに思っている人は、一生幸せにはなれません。

何故なら、そういう人達は、欲しいものを手に入れたとしても、すぐにまた、次に欲しいものを求めるからです。

欲にはキリがありません。
もっともっと求めるよりも、今、前より良くなったから、これで十分ありがたい。
このように、「今」に感謝出来る人が幸せな人、幸せになれる人です。

幸せはすべて、自分の心が決めるのですから。

61

人生の選択

僕がまだ20代のころ、当時付き合っていた彼女とうまくいかず、別れが来た時のことです。

寂しくて辛くて、そのことばかり考えて、なかなかあきらめがつきませんでした。

その時、自分自身に「究極の選択」を与えたのです。

今ここで別れるか？　それとも彼女が事故にあって死んでしまうか？

この2つのどちらか1つを取るしかなかったら、僕はどうするべきか。

当然、(僕が別れますから、どうか彼女を生かしてあげてください！)

と自然に思えるはずです。

そんなふうに自分をコントロールしていきました。

恋愛でも、仕事でも、こうするしかないのに、なかなか決心がつかない時がありますよね。

感情が先立って、冷静になれない時。

自分の心を落ち着かせる為に、この「究極の選択」を使います。

この人と別れるのと、この人が死んでしまうのとどちらがいい？って。死ぬのはいやだ！　せめて、僕は去りますが、どこかで生きていてください。

なんて、勝手にストーリーを作り、自分の気持ちをコントロールする訳です。

人生において何か選択をする時は、多かれ少なかれ身を切る思いを味わいます。

少し荒療治ですが、気持ち良く先に進めるように、自分に都合良く考える為の「究極の選択」、案外いいやり方だと思っています。

62

川上に立つ

水は川上から川下に流れます。

ムリをせず、流れに乗ること。

流れに逆らわず、自然体で流れに任せること。

そうすればすべてうまくいくのです。思い通りの人生になるのです。

ただ、何もせず立っていても流れには乗れません。

まずは川上に行かなければ何もはじまらないのです。

では、川上まで行くというのはどういうことでしょうか？

川上とは、「世の為、人の為」とか、「人に喜んでいただく為」になることを考えることなんです。

今、貴方の考えていることはそうなっていますか？

貴方個人の欲望じゃないですか？

もしそうだとしたら、川上に立ったことにはなりませんよ。

この、「世の為、人の為、人に喜んでいただく為」を基本とすると、すべてうまくいくのです。

そうすれば、力まず力を抜いて、自然に任せれば、川下に連れて行ってくれるのです。

これは法則です。

幸せになる、何事もうまくいく法則です。

自分だけの欲望も、決して悪いことではありません。

誰もが最初に通る道です。

ただ、それだけでは長続きしないのです。

自分の欲望がみんなの喜び、みんなの幸せになると自然に、もっともっとうまくいくのです。

それがすべてのはじまり、つまり、川上に立つということです。

63

自分で自分を見る

ギャンブルをして大負けをする人の心の使い方は、実にわかりやすい。

最初は少しずつ少しずつ賭けていくのですが、ある一定の金額に達して負け出すと、頭に血が昇って冷静な判断が出来なくなります。

そしてとことんお金をつぎ込むのです。

パチンコ、競馬、競輪、カジノ、麻雀、すべてそうです。

負けが続いても、自分がツイてないことに気付かず、熱くなって取り戻そうとするのです。

自分自身の今日の「流れ」がわかっていないからです。

「あっ、今日はついてない日だ。もうやめておこう。またいつかいい日も来るさ」と、「流れ」に逆らわず、すぐにやめるのが一番なんです。

また、ギャンブルをする人にこう質問したことがあります。

「パチンコでいくら負けると、１日中引きずってしまう？」

「僕は３万です！」

「だったら、２万なら遊びと思えるの？」

「いや、遊びと思えるのはやっぱり１万までです」

「だったら１万まででやめておかないといけないよ！　それが遊びだよ」

実は僕もたまに馬券を買いますが、１日１万円と決めています。

遊びだと思える金額まででないと、負けた時イヤな気分をずっと引きずってしまうからなんです。

それが一番悪いことなんです。


会社経営でも、人間関係、人としての生き方も、「流れ」を読むことが大切です。

「今の己は、どんな自分なのか？」自分で自分を見る。周りの流れを見る。

そして、流れに沿って生きる。
これこそが大切ではないでしょうか。
ムリをせず、流れに任せる、です。
そして、大きな波が来たらどうするか？
船を横にしたら転覆ですよ！
嵐で大変な時も、船を横にしないで真っ直ぐ波に向かうしかないのです。
僕も、いつも自分に言い聞かせています。

人に親切に楽しく幸せに、顔晴っていきましょう！

64

貴方が、お金だったら?

もし貴方がお金だったとしたら、どんな人のところへ行きたいですか?

またどんな人のところへは、行きたくないですか?


僕なら、いつもパチンコ店にいるような、ギャンブルに熱くなって、お金をまるで紙きれのように扱う奴のところには行きたくないですね。

また、お札の向きがバラバラで、裏になったり、逆さまになっていたり、財布にきちんと仕舞わない奴のところには行きたくないですね。

財布を使わず、ズボンにお札を入れ、クチャクチャにする奴もイヤですね。

出来るだけ、シワにならないようにしてもらいたいものですね。

飲食店のレジの中でもお札の顔をきちんと並べ、綺麗に揃っていると、お客様にお釣を渡す時でも気持ちがいいですよね。

たまにお店でお釣のお札を裏向きに出されると、イヤな気分になりますよね。


それから使い方です。

本当に必要なものに使ってもらいたいし、みんなが喜ぶようなことに使ってくれると嬉しいですね。

あとは、支払いの時に、

「ありがとうねぇ。また戻ってきてねぇ」なんて言ってくれたら、嬉しいかもね。

本当に、お金は大切に使ってくれる人のもとへ、集まるらしいですよ。

大切に、大切に、喜んでくれるものに使いましょう。

65

悩みの真実

人の悩みの90％は「考えても仕方のないこと」なんです。
人は、考えても仕方のないことに悩み、苦しんでいるのです。
たとえば、（明日、東海大地震が来たらどうしよう）
（子どもが事故にでもあったらどうしよう）
（彼に別れようって言われたらどうしよう）
（上司に叱られたらどうしよう）
（病気になったらどうしよう）……
など、なってもいないのにこんなことを真剣に考えているのです。
しかも、悩みの90％ですよ。実にバカバカしい話です。
とくに、今３人に１人と言われているウツの人は、こんなことばかり考えているのです。

悩みは引き寄せられます。

悩みは、それが現実に「起こってほしい」という方向に引き寄せられるのです。

だから怖いのです！

余計なことを考えれば余計なことが起こる。最悪の事態なんです。

逆に、「どうにかなるさ」なんていう能天気な奴は本当にどうにかなるんです。

笑って前向きに生きている楽天家の奴にはいつも笑えるようなことがいっぱい訪れます。あほが考えても所詮あほな考えしか生まないのだから、こんな生き方でいいのでは？

僕はあほで良かったと思っています。あほはあまり悩みません。

『いい加減な奴』と思えるかもしれませんが、〝ちょうど〟を付けてみてください。

『ちょうどいい加減な奴』なんです。

66

怒りへの対処法

「ふみやさんって、悩みなさそうだね」と言われることがあります。

(そんな奴おらんやろ)って思いながら「あるよ」って答えます。

実は先日も、10年に一度くらいのイヤなことが起きました。

思い出したくないくらいのイヤなことです。

昔なら引きずっていたに違いないが、うまく切り替えられるようになりました。

「自分のまわりで起きることはすべて自分の責任。自分に必要だからこんなことが起きるのだ。あぁありがたい!」と自分に言い聞かせるのです。

とは言え、正直に言えば、腹の中は煮えくりかえっていますよね。

ただ、イヤなことに焦点を合わせていると、またまたイヤなことが起きるのです。

だから、やっぱり忘れることが一番大事なのです。

そんな時の対処法を教えます。

実は、怒りを抱いてしまうのは、自分も相手と同じレベルだからです。

相手に心を合わせているから、怒れるのです。

そんな時は相手と心を合わせないことが大切です。

相手が3歳くらいの子どもだったら、そんなに怒れてこないはずです。

「まだまだこの人の頭の中は幼児なんだ、大人の顔した幼児なんだ」と思って、心の中で相手を見下してしまいましょう。

怒っている自分までバカバカしいと思えてくるはずです。

あともう一つは、「ありがとうございます」を言い続けるのです。

何回も何回も、気がすむまで言い続けるのです。

普通なら、5分もすれば心が穏やかになってきますよ。

そしてどうすることがベストな行動なのかを教えてくれるのです。

人に親切に楽しく幸せに、顔晴っていきましょう！

ひらめきを与えてくれるのです。
悩みのある方、たったの5分、「ありがとうございます」を繰り返してみてください。
素直な気持ちで繰り返してみてください。
幸せの天使が必ず、そばに近寄ってくれるのがわかりますよ。

67

夢を見付けるには？

今、貴方はどんな気分でいますか？

いい気分？　悪い気分？

もちろん、人間だから、悪い気分になることもあります。

では普段、貴方の中で大半はどんな気分ですか？

実は「自分がどんな気分でいるか」は、とても大切です。

何故なら、悪い気分でいるのに、いいことが起こる訳ないからです。それが法則なんです。

いいことが起こって欲しいのなら、常にいい気分でなければいけないからです。

いい気分でいる為には、「夢を持つことだ」と言う人がいます。それも一理あります。

しかし今、具体的な夢もなく、自分が何をすればいいのかもわからない人もいるでしょう。

その人に向かって無理やり夢を作らせても、本人は苦痛なだけです。

もし、無理やり夢を作ったとしても、自分に合ってないかもしれません。

夢がなくてもいいのです。

そういう人こそ、

「俺は、今は夢なんてわからないけど、なんか楽しいし幸せなんだ。ああいい気分だ」

って思えることをするのが大切なんです。

いい気分でいると、いつか自分に合った素敵な夢が、自然と生まれてきてくれるのです。


常にいい気分になるように自分でコントロールしましょう。

楽しく幸せな気分でいましょう！

それが夢を見付ける方法なんです。

68

ムカついた時、どうする？

人を許すってホントに難しいですよね。

何年か前のことでも、思い出すだけでムカついてきたりすることがあるのです。

皆さんは、そんなことはありませんか？

それとも、「そりゃ大嫌いな奴、1人くらいいるよ」なんて言いますか？

憎んではダメ、恨んではダメ、ってわかっていても、頭の中に現れれば、どうしてもムカついてしまいますよね。

でもやっぱり、ムカつくとまたそれに引き寄せられてしまうからダメなんですけどね。


さて、ではどうすればいいのでしょう？

無理に許そうとしなくても、思い出さないようにすることです。

そんなこと出来るの？と思いますよね。

これも以前、僕がやっていた方法です。

その人を思い出したらすぐに、イメージします。

徐々に小人くらいの大きさになっていき、最終的にゴキブリくらいの大きさにイメージするのです。

別に踏みつけたり、いじめたりするつもりはありませんよ。

ただ、部屋を歩いている時、たまたま蹴飛ばしてしまった、と想像するのです。

あくまでもイメージですよ！　わざとだと憎しみになるからダメですよ！

「さりげなく」です！

想像の中で、その人は痛い痛いと逃げていきます。

すると、気分が悪くない自分に気付きます。

相手に心を合わせるとムカついてしまうので、

「ゴキブリのようなちっぽけなものである」って思い込むのです。
頑張って許さなくても、気にならなくなるのです。
憎しみや恨みは、自分まで悪い方向に引き寄せられます。
それが一番まずいのです。
とにかく、考えないようにすることが必要ですね。

69

結婚出来ないかも？

自分で「私、結婚出来ないかも……」と言っている女性がいます。

とくに欠点もない普通の人で、自分で「結婚出来ないかも」なんて言う人には、まず、「その言葉はやめなさい！」って言います。

何故なら、言葉通りになるからです。

「私ってダメな女」なんて思ったらダメですよ。引き寄せられますから。


結婚を望んでいる女性の皆さん！

まず自分の都合のいいようにストーリーを描いてください。

もちろん貴女が主役です。

ハッピーエンドになるように描くのです。

素敵な男性と結婚して、子どもと家の前の庭で、楽しくバーベキューをやっている姿などを想像するのです。

「私のようないい女、世間の男がほっておく訳がない。すぐに素敵な男が現れる。あぁ、ありがたい、ありがたい。本当に私はツイている」

このように毎日思って、喜びに浸るのです。

こんな想像、瞑想を毎日するだけで、思い通りの人生を掴めるのです。

白馬に乗った王子様が迎えに来るのです。

必ず素敵な男が現れますよ。

一〇〇％です。

70

嵐が来たらどうするの

船で世界を60周以上も回った、弓場さんという方のお話です。


船旅というのは、順風満帆に進んでいる時はいいが、嵐が来て大波になる時がある。

そんな時、どうするかというと、船を波に向かって走らせなければならないのです。

波から逃げようと船を横に舵をとると転覆してしまうのです。

嵐の波といえば船を飲み込んでしまうような波だから、波に向かって進むのって怖いですよね。

それでも波に向かって舵をとるしか、生きる道はないのです。


これって、人生に似ていると思いませんか？

荒波でも真正面から立ち向かわないと転覆してしまう。
逃げたらおしまいなんです。
我々も悩んだり、苦しんだりすることがあります。
そんな時、やはり真正面から受け止め、前に進むしかないのです。
逃げずに前に進むのです。
必ず嵐は去って行きます。そしていつかまた平穏な船旅が出来るのです。
順風満帆な船旅が！
嵐はいつか去る。朝の来ない夜はない。これも同じことですね。
人生も、それの繰り返しですね。

人に親切に楽しく幸せに、顔晴っていきましょう！

71

考え方を変えてみる

同じことが起きても、人によって感じ方が違います。

たとえば、

【雨が降っている】

「鬱陶しい」と感じる人もいるでしょうが、

「農家の方々は喜んでいるだろうな」と想像し、喜ぶことが出来ます。

【上司に叱られた】

「ムカつく！」と感じる人もいれば、

「またまた成長出来る、ありがたい」と思う人もいるでしょう。

【恋人にフラれた】

「寂しくて死にたい」と落ち込む人もいれば、

「寂しいけど次はもっと素敵な人が見付かりそうだ」と切り替えることが出来る人もいます。

【車をぶつけた】

「最悪。また修理代がかかる」と嘆くばかりの人もいれば、「車をぶつけたのが人でなくて良かった」と、不幸中の幸いを喜ぶことが出来る人もいます。

あげれば切りがないですよ。

でも、これでわかることは、すべて考え方、物事の捉え方なんですね。

幸せは、すべてを超ポジティブに考えれば、すぐに手に入るものなのです。

72

スランプの時には

プロ野球選手が不振で活躍出来ず、スランプに陥ってしまったらどうするか？

悩み苦しみ、考えたってしょうがないのです。

人間、調子のいい時があれば悪い時もあるのです。

どんなに実力がトップクラスのプロの選手も、1年通して悪い時もあるのです。

では、そんな彼らはどうするのか？

彼らは必死で練習をやっています。

もちろん、気分を変える為に好きなことをすることもあるでしょうが、基本的にはひたすら練習をするしかないのです。

我々の仕事でもスランプがあります。

「思うように売り上げが上がらない」「お客様が少ない」「会社として危なくなって

きた」など、いろんな悩みがあると思います。

そんな時一番いいのは、「悩んでいないで好きなことをやる」です。

我々飲食店の仕事なら、たとえば接客が好きな人なら何も考えないで店に出て、楽しく接客をする。

大事なのは「楽しく」ですよ。

それしかないのです。ない頭であれこれ考えたって、魔法は使えません。

好きな仕事を楽しく幸せに、人に親切にやり続けることです。

必ずいつかトンネルから抜け出すことが出来ます。

一番いけないのは、心をネガティブにして一人でずっと考え込むことです。

悪い方向にとことん引き寄せられてしまいます。

スランプでも心だけは常に上に向け、「調子の悪い時だってあるさぁ、何とかなる。とにかく楽しく幸せに動いてみよう」

こんな感じでいきましょう。

人に親切に楽しく幸せに、顔晴っていきましょう！

73

うつ病は簡単に治る

3人に1人はうつ病にかかっていると言います。
もちろん、軽い症状も入れてのことですが。
何故そんな病気にかかるのだろう？
その人達の共通点ってなんだろう？
それは、人一倍他人が気になるということです。
他人の行動、言葉が気になってしょうがないのです。
それは、他人に心を合わせてしまうということです。
また、いつも他人のせいにして、やさしさを忘れ、感謝の心がないからです。
うつ病の人に明るい人はいません。楽しそうな人もいません。いつも暗いのです。

しかし、治す方法はあります。

薬を飲むより、「ありがとう」の数を増やすことです。

まず、何にでも、どんなことにも感謝してみるのです。

すぐに思いつかなければ、感謝出来ることを紙に書き出してみることなのです。

どんな些細なことでもかまいません。

不思議なことに、「ありがとう」の言葉が増えると病気は治ります。

これまで、感謝出来なかったから治らなかっただけなのです。

心を込めて、いつも「ありがとう」をたくさん言えるようになった時、そんな病気はどこかに行っているでしょう。

74

だから貴方は、幸せになれない

「私はふみやさんが言うように、そんなことで幸せになれるなんて思えない」

そう言われたことがありました。

「私は現実、それも目に見えるものしか信じない。ありがとう、とか、守護霊さんに感謝とか、人に親切にするとか、楽しく幸せに生きるとか、そんなことで人が幸せになれるなら、誰だって幸せになっている。まったく現実的じゃないと思います」

そうですよね。

今まで、家でも学校でも、そんな教育を受けていないでしょうから、「そんなことで」という、貴方の気持ち、凄くよくわかります。

でも、目に見えないけれど確かに現実に起こっていることはいっぱいあります。

たとえば死後の世界や宇宙の果てのこと、奇跡的に命が助かったこと、ガン細胞が自然に消えたこと、あげれば切りがありません。

世の中には、説明のつかないことっていっぱいあるのです。

そして実際に起こったことは事実で、頭の中で考えていたって仕方がないのです。

そのことで、みんなが幸せになるのだから、余計なことを考えないで、いいことは信じて真似てみてもいいのではないでしょうか。

残念だけど、貴方のような考え方で、本当に幸せな人を、僕は見たことがありません。

僕の周りにいてくれる幸せな人は、みんな理解してくれています。

だから、「そんなことで幸せになれるなら、誰だって幸せになれる」と言いながら、何もしようとしない、変えようとしない貴方、だから貴方は幸せになれないんです。

確かに、目に見えないことを信じるのは難しい。

しかし逆に、ありがとうの言葉や守護霊を信じて感謝することや、人に親切にすることを実行している人で、不幸な人に会ったこともないのです。

それもまた、現実です。

75

叶う夢の条件

夢には、叶うものと叶わないものがあります。

叶う夢の条件は、叶うことで人の迷惑にならないことなんです。

人の迷惑になる、人を不幸にするような夢は、必ず叶わないように作用します。

かつてフセインが、世界を自分が支配したいと夢を描きました。

でもあまりにも身勝手で自己中で、世界中の人から非難をあびて、彼の夢は叶いませんでした。

ここが大切です。

人がイヤがる夢は、他人から負のエネルギーを受けるのです。

この負のエネルギーが大きな影響を及ぼします。

昔から、

「出来るだけ人に嫌われないようにしましょう」
「周りの人は大切にしましょう」
「悪いことをするとバチが当たるよ」などと言うのは、
自分の夢が叶うよう、負のエネルギーを受けないようにする為だったのですね。

人の迷惑になるような夢は見ないこと。
夢を叶えたかったら、より多くの人が「喜ぶ」夢を持つこと。
これなら必ず叶います。
「これをやったらより多くの人が喜んでくれるだろうなぁ！」
なんて、考えただけでワクワクしますよね。
そして、多くの人から、正のエネルギーをいただけるのです。
みんなが幸せになるような、夢を持ちましょうね。

人に親切に楽しく幸せに、顔晴っていきましょう！

76

金メダルを取る為に

よく、「夢は叶う」と言います。
しかし、不思議に思いませんか？
たとえばオリンピックの金メダル。
世界中の人が金メダルを目標にしているのに、取れる人取れない人がいる。
取れなかった人は、「夢は叶わなかった」のではないですか？
では、夢が叶った人と叶わなかった人の違いはなんだと思いますか？
まず、実力があまりにも違う場合、本心では「ムリだ！」って思っています。
この本心に結果が作用します。本心が「ムリだ！」と思っていては、ムリなんです。
それでは、実力が僅差ならどうでしょうか？
どちらがより「勝ちたい」と思っているかです。これもよく言われていることですね。

では、その気持ちも同じくらいなら。あとは、運です。

身もふたもないと思われるかもしれませんが、本当に運なのです。

運を良くする方法、それは、普段からの生き方なのです。

まず、運がいい人の共通点は、「私は運がいい」と思っていることです。

自分で、「俺は運がいい！」「俺はツイてる！」「俺は凄い！」って心の底から思えるかどうかです。

そしてさらに、人に親切な生き方をしていると、運が向いてくるのです。

何故なら、人に親切にしていると、周りの多くの方々から、「プラスのエネルギー」をいただけるのです。

自分の実力だけでは得られない力。それが、勝負の際の差になって出てきます。

微差の勝負は、この、「普段から人に親切にしているかどうか」で決まるのです。

貴方は信じられますか？

信じられると思った人は、今まさに、針が運のいい方向へ、向きました！

77

中村文也流・奇跡の起こし方

奇跡を起こすには、

〝奇跡＝才能×努力×感謝力〟こんなふうに言われた方がいます。

でも実は僕、この中の「努力」という言葉が嫌いなんです。

これを僕流にすると、努力するのではなく、〝好きなことをとことんやる！　イヤなことは心が下を向くからやらない！〟これなんです。

そして「感謝力」。ありがとうの波動、おかげさまの人生を歩むと人生観が変わります。

これで毎日がたまらなく楽しく、「最幸」の日々を送れるようになります。

感謝の波動こそ、生きる力です。

それから最後に「才能」。これは難しいです。

僕自身、自分で、才能があるって思ったことがありません。

ただ、「才能がなくても何とかなるさ！」なんて思っています。

もちろん、才能があるに越したことはないでしょう。

この方程式だとかけ算ですから、才能があれば凄い力になりますね。

でも、才能のない僕は、このようなかけ算でいい成績を修めることは出来ないので、あほでも勝てる方法を考えます。

それは「素直」です。

あほはとにかく、素直で好きなことを好きなだけやって明るく楽しく生きる。

そして、「こうして生きられるのもすべてのもののおかげ。ありがとう、ありがとう」と生きる。これを続けていると、気が付けば少しだけ輝いている。

これだけで十分ではないでしょうか。

あほはあほなりに幸せに生きられるものですよ。僕がいい見本です！

〝奇跡＝素直×好きなことをやる×感謝力〟これですね。

78

魂が喜ぶように

自分の中には魂が住んでいます。

この魂は、いつも楽しく幸せに、いつも喜ぶことが大好きなんです。

だから、自分が楽しかったり、嬉しかったりしている時は、魂と同じ気持ちになっていて、調和がとれている状態です。

でも、自分がムカついたり、怒ったりしている時は、「自分が魂とズレているよ」って教えてくれている時なんです。

魂は、「早く元に戻って来てよ！」って呼びかけてくれているのです！

「ムカつかないで！　怒らないで！」って叫んでくれているのです。

それにまず気が付くことが大事です。

自分で「あっ、今ムカついている！　怒っている！　ダメだ、ダメだ！　魂とズレてきた。早く元に戻らないと魂さんがかわいそうだ！」なんて思えることが、大切なのです。

身体のズレはマッサージや整体で整えてもらえますが、心のズレは自分でしか元に戻せません。

魂の大好きな、楽しくて幸せな自分に、心だけは持って行きたいですね。

自分の幸せな姿を思い浮かべ、ただただいい気分に浸ってください。

ワクワクする気分に浸ってください。

まだ起きてない現実を、呼び込んでください。

想像するだけ、瞑想するだけで、まずはいいのです。

楽しくて幸せな自分を、想像するだけで。

魂が喜び、幸せになれるのです。

79

器と役割

人には器がある。貴方にピッタリな器が。

自分の器に、無理をしてふさわしくないモノを入れようとしても入らないのです。

背伸びしても、入りません。貴方にピッタリのモノしか入らないのです。

人と比べて、「あいつが出来るなら俺にも出来る！」などと、他人と比較する人生はやめましょう。

「器」という言葉は、「あいつは器が違う」「器が大きい」というように、どれも褒め言葉に使いますよね。

その人にピッタリ合うから、この言葉を使うのです。

器とは、その人に「ぴったりの役割」なんですよね。

人には役割があります。

野球でも、みんながピッチャーをしたいと言い出し、内野や外野などの守備につかなかったら、試合になりませんよね。

9人がそれぞれの持ち場を一生懸命やってこそ、いい結果が生まれるのです。

僕のように飲食店をして、人を喜ばす役割。

たくさんの人の前で講演をして、人に勇気と感動を与え、喜ばす役割。

大工さんとして住みやすい家を建ててあげて、人を喜ばす役割。

警察官になって世の中を安全安心にして、人を喜ばす役割。

人を喜ばすことが、すべての人が持って生まれてきた役割なのです。

たとえ一人の人にでも、重大な役割を持つとしたら、立派な貴方の役割です。

よく自分の仕事を卑下する人もいますが、お役に立っている以上は、最高の仕事なのです。

これから社会に出る学生さんなら、貴方が今やりたい仕事を想像した場合、その奥に、誰かの笑顔が浮かぶなら、それが貴方にピッタリな役割です。
最高の社会貢献です。そして貴方は必要な、大切な人です。

ムリせず、自然体で、人を喜ばす為に生きる。
それが貴方の器と役割です。

80

今がちょうどいい

僕の娘達は、大きな屋敷の家を見て、

「いいなぁ、うちも、あのくらい大きな家だったらいいのになぁ」

なんて言います。僕は、

「あれだけ大きな家だったら、掃除だけでも毎日大変だよ」

なんて返しています。


人間ってないものを求めるんですよね。

僕は18歳まで両親と妹と4人で8畳1間に暮らしていたせいか、今の小さな家でも幸せに感じられます。

あのころ、お風呂もなく、隣の家に借りに行っていたことを思うと、今が幸せでなりません。
下の娘は、「妹がほしい」。上の娘は、「姉がほしい」と言います。
本当に人間ってわがままなんですよね。
妹として生まれたのも、姉として生まれたのも、すべて偶然ではなく、必然です
し、むしろ自分で選んで生まれてきています。
常に今がちょうどいい。
今、不幸だと思うことも、今の貴方にとってちょうどいいのです。
すべて今起こっていることは自分にピッタリです。
悪いことが起これば、今自分に必要だから起こる。
自分を成長させてくれる為に、いろんな現象を見せてくださっているのです。

常に、足るを知る。この精神で生きていきたいものです。

に親切に楽しく幸せに、頑晴っていきましょう！

プロフィールにかえて

昭和32年。
山と海に囲まれた自然豊かな町、三重県伊勢志摩の五ヶ所湾近くで生まれた。
両親は一生懸命働いてくれてはいたが、風呂もない8畳1間のボロ家で家族4人、
貧乏暮らしを余儀なくされていた。
勉強はあまり出来なかった。
でも、母はいつも、
「お前は凄い！　お前は賢い！　お前は何でも出来るなぁ。
母ちゃんのところに生まれてくれて、おおきんなぁ」
そう言って大きくてあたたかな愛情と笑顔を見せてくれた。

三重県の某高校を135人中130番でめでたく卒業。

どこの大学にも行けず、もちろん金もなく、しかし志は必ず「田舎のプレスリー」になるんだと決め大都会名古屋に出る。

最初に就いたのは子供服販売の会社。

「これじゃどんなに頑張ってもお金持ちになれない」と退職。

その後、焼き芋の屋台、新聞の営業、英会話教材販売など、計12もの職を転々としたが、どれも長くは続かなかった。

そして最後に行き着いたのが水商売。

お酒を飲みながら、お客さんとの会話で楽しんでいただく。

だんだんお客さんが自分に会いに来てくれるようになる。

いつの間にか、「お金を稼ぐこと」ではなく、「お客さんに喜んでもらうこと」を一番に考えるようになっていた。

接客の面白さを実感し、そして思った。

これこそ自分の「天職」だ。一生の仕事にしたい、と。

しかし水商売で、独立しようとは思わなかった。


チャンスは突然やってきた。

名古屋の繁華街・東新町で、7坪の小料理屋が売りに出されていて、「代わりに店をやらないか」と声をかけられたのだ。

今から30年前、25歳のころのことだ。


当時、接客には自信があったが、料理はまったくの素人。

ただ、料理に自分の得意な接客サービスを付ければ、きっと自分にも他に負けない店が作れるのではないか。

突然訪れたチャンスに戸惑いはあったが、持ち前の「超ポジティブ思考」で、飲食の世界に飛び込んだ。

それからは怒涛の日々だった。

店のオープン前の約2ヶ月で料理を猛特訓。

素人が孤軍奮闘する姿を見かねたのか、小料理屋の板前さんが料理の基本を教えてくれたりもした。


そして昭和58年3月、【奥志摩】1号店がオープン。

しかし、たった2ヶ月で、出来ることなどたかがしれていて、まともな料理ひとつ出せない店に、クレームが続出。当然といえば当然だが。

朝5時までという営業時間の為、深夜のお客さんの中心は、その界隈で働く板前さん達。

プロの料理人の前でごまかしは利かないし、虚勢を張っても仕方がない。

出来ないものは出来ないと正直に言い、お客さんの為に自分に出来る精一杯のおもてなしを、と考えた。

そして、クレームを出してきたお客さんにはすかさずこう言った。

「どんな魚を置けばいいですか？　教えてください」

「どんな料理を出せばいいですか？　作り方を僕に教えてください！」

すると、お客さんが、美味しい魚の仕入れ先を教えてくれたり、

「こんな料理があればいい」と提案してくれたり、自慢の料理の作り方を教えてくれたり。


普通ならお客さんに料理を教わる店なんて続く訳がない。

しかし、店は繁盛し、店のメニューは１つずつ増え、料理の旨い店と評判になった。


大切なのは、謙虚な気持ちと、素直に学び行動する姿勢。

「お客さんに喜んでもらえる店にしたい」という強い意志。それだけは負けなかった。

そして、何より、周りの人達への感謝の心。

飲食の世界に飛び込んだあの日から、ずっと変わらずに持ち続けてきた思いである。

そして平成25年3月現在。
創業30周年を迎え、社員数43名、パート・アルバイトを入れると100名以上にもなり、名古屋で11店舗を持つに至った。

これからも、
お客さんが喜んでくれる店であり続けること、
そして社員やスタッフが、
いつも楽しく、幸せを感じながら働ける場であること。

そして、より多くの人達が幸せになれるようこれからも、
毎日、また書き続けていきたいと思っています。
最後まで読んでいただき本当にありがとうございました。

あほな奴ほど成功する

2013年3月1日　初版第1刷発行

著　　　者：中村文也
発　行　者：金井一弘
発　行　所：株式会社星湖舎
　　　　　　〒543-0002
　　　　　　大阪市天王寺区上汐3-6-14-303
　　　　　　TEL. 06-6777-3410
　　　　　　FAX. 06-6772-2392
装　　　丁：山根有紀子
DTP組版：E-FLAT
印刷・製本：株式会社国際印刷出版研究所

2013 Ⓒ Fumiya Nakamura　printed in japan
ISBN978 - 4 - 86372 - 048 - 0

●本誌掲載の記事・イラストの無断転載を禁じます。